社会福祉を学ぼうとする学生へのメッセージ

流通科学大学サービス産業学部　編

（株）みらい

本書の刊行にあたって

社会福祉業界は、この間しばらく「冬の時代」と言われてきました。それは、主として賃金が低く、そこで働く人材が集まらないことに起因していました。本学の医療福祉サービス学科で学び、社会福祉士の国家資格を取得した学生も、必ずしも社会福祉現場へは行きませんでした。それは初任給が一般企業と比べて低かったことに原因があります。

さて、翻って一般企業へ就職した学生の３人の内１人が３年のうちに転職している現状があります。転職は必ずしも悪くはありませんが、多くの場合は「今よりも悪い条件」で転職しています。この転職が１回で済めばよいのですが、これも多くが何回も繰り返しているのではないでしょうか。加えて、今日の世界同時不況は多くの企業を極端な業績悪化に陥らせています。そこに働く人たちの労働密度は一層高くなるでしょうし、ノルマを達成できない人たちは落ちこぼれていかざるを得ません。

社会福祉現場で働くことは「低い初任給」が原因して敬遠されてきましたが、そこに就職した人たちはあまり転職することなく継続してがんばっています。何年か経ちますと、低かった初任給が高かった初任給を追い越していることさえあります。

何が言いたかったと申しますと、自分の将来の生き方を考える場合、「目先の現象」にとらわれてはならないのではないかということです。

社会福祉の仕事は、生活困難や自立困難になった人たちの困難を軽減し、自立を促すための援助を行う仕事です。医者が患者の疾病を治す援助をし、看護師が患者の苦痛を軽減するヒーリングの役割を果たしているように、社会福祉現場で働く人（ソーシャルワーカー等）は、全人的な援助を通して困難に陥った人たちに「生きる希望」を与えるという崇高な仕事なのです。

本書は、本学で社会福祉学、あるいは社会福祉関連分野で教鞭をとっておられる先生方が、それぞれ、どんな「福祉観」をもって学生に対しておられるのか、そして学生のみなさんに「福祉へのいざない」をどのようにしようとされているのか、そんなことを書いていただきました。

当時、サービス産業学部の学部長であった私は、こんな書籍があれば福祉をめざす、あるいは志そうとする学生によい動機づけになるのではないかと考えていたところに、先生方の発意でこの本を刊行することになりました。ぜひともご一読ください。

平成22年3月

教授　足立　明（前学部長）

もくじ

1 社会福祉と私

塚口伍喜夫（つかぐち　いきお）

担当科目
社会福祉原論Ⅰ・社会福祉原論Ⅱ 公的扶助論 社会福祉入門

◆あなたは、将来どのように社会に役立とうと考えてるの

もう半世紀以上も前になりますが、私が高校3年の冬、担任のK先生から「あなたは、将来どのように社会に役立とうと考えてるの」と質問されました。K先生は国文学を教えておられて、美人で男子高校生の憧れの先生でした。

私は、高校では陸上競技班（体育部の元に、各種別ごとに「〇〇班」といっていました）に所属し、中距離を専門にしていました。中学3年の時には200メートル競技において兵庫県で優勝したこともあり、高校に入ると迷うことなく陸上競技班に加わりました。しかし、体重が増えないこともあり短距離から中距離に切り替えてみましたが、大きな成果はあげられないままに高校生活の3年間も終わりを迎えていました。

私は、将来のことは何も考えずに、関西の私大・D大学の商学部や東京の、当時はちょっとユニークな私大・J大学の外国語学部に合格していましたので、大学では思いっきり遊んで、アルバイトをして、将来のことはそのうち考えようと思っていました。そんな時に、K先生の質問でした。「男たるもの、目的も無く大学にいって、何を学ぶのですか」「男が、目先の利益や自分の幸せだけ考えるようでは、国や社会をよくすることはできませんね」と。（この文中で「男たるもの」「男が」といった言葉が出てきますが、当時は普通に使われていました。）

私のノンポリ振り（政治や社会に無関心なこと）を厳しく戒《いまし》められ、そして自分なりに苦悶した結果、「社会事業」という言葉に惹かれ、名古屋にあった社会事業短大に入ることにしました。その当時、社会事業を専門に教える短大が全国で3校（日本社会事業短期大学、中部社会事業短期大学、大阪社会事業短期大学）あり、地理的に中間どころの名古屋を選びました。親や周辺からは、「何で、お前が社会事業か」と反対されたり批判されましたが、自分で決めたことは覆《くつ》がえしませんでした。私が入学した短大は、社会人入学者が3割くらいいました。県や市の福祉事務所に所属しながら、そこから派遣されて就学している人たちが、高校新卒で入学した私たちと机を並べて勉強していました。社会人学生はよく遊ぶが、また、一方では勉強の仕方も並でなかったように思います。科目名は今日と大きく変わらないものもありますが、援助技術論は方法論といっていました。私は、可も無く不可もない平均的な学生だったと思います。

私が卒業する、昭和33（1958）年の4月に短大が4年制の大学になりました。現在の日本福祉大学です。日本社会事業短期大学も日本社会事業大学になりました。大阪社会事業短期大学は府立であったため、その時点では短大のままで、後に大阪府立大学に編入されることになります。

私は、3年生に編入しましたが、その年の8月に、兵庫県社会福祉協議会（以下「兵庫県社協」）から面接したいので来ませんかという誘いを受けました。かっこ悪い話ですが、当時私は、社協はどんな仕事をしているのかわかりませんでした。（当時の勉強の程度が知れようというもの…）

面接の結果、9月1日から来るようにということで、学校に留まるかどうかも十分に考える余裕もなく、大慌てで神戸に行くことにしたのです。当時は鍋底景気といわれるほど景気が悪く、わが家の家計も疲弊していたこともあり、就職することにしたのです。

◆ボランタリーな活動の広さに刺激を受ける

就職して3年目の昭和36（1961）年に、アメリカ・カナダへの旅行の機会に恵まれました（これが、私の最初の海外旅行）。当時、総理府がスポンサーになって、日本青年の海外派遣事業が行われており、毎年各都道府県から3名程度の青年が選ばれて、ヨーロッパ、アメリカ、オセアニア、東南アジアなどに、約3か月間派遣されるもので、その年、私も選ばれて派遣されることになりました。アメリカ・カナダを西から東に横断して、また、サンフランシスコに帰ってくる旅程で北アメリカ・カナダの主要都市20市くらいを訪ねる旅でした。政府から派遣費用のほかに1日4ドルの小遣いが支給され、それで個人的な移動や見学費用を賄うのです。当時、1ドルは360円の固定レート、しかし、現地での1ドルは日本の100円程度の値打ちくらいしかなく、使い方には工夫を要しました。

この旅を通してアメリカの市民のボランテイア参加、共同募金運動の状況、青少年育成のボーイズクラブなど、ボランタリーの層が厚く、その活動がアメリカ社会の一端を担っていることなどに大いに刺激を受けました。こうした体験が、兵庫県社協において、ボランティア育成や、また、共同募金運動の推進に関わった際、大いに参考になったものです。

この海外派遣事業への挑戦について付言しておきます。私は、自信があって受験したわけではありませんが、結果合格しました。受験者は70人くらいいたと思いますが、そのなかから3名が選ばれることになります。筆記試験問題は「時事問題」「一般常識問題」「志願の動機（作文）」など、加えて英語のリスニング、会話の試験があり、これは全く不出来だったと今でも思っています。可能性は挑戦から生まれるもので、挑戦のないとことには一寸の可能性もありません。

私は、学生に挑戦の気概をもってもらいたいと思っています。

◆仕事は創り出す

社協は、本来、地域福祉を推進する組織と位置づけられていますが、私が入局（事務局員として仕事に就いたので、こう表現します）した頃は、明確な業務基準はなく、各都道府県社協が、それぞれ思い思いの活動を行っていたように記憶しています。兵庫県社協では、組織トップの会長の強い思いがあり、新生活運動、子ども会の育成、母子家庭の子女援助、世帯更生運動の推進と世帯更生資金の貸付、兵庫県社会福祉大会の開催などを主な仕事としていました。

新生活運動とは、県民が日常生活から無駄や非合理性をなくしようとする県民運動で、当時の会長はその先頭に立って講演活動などを行っていました。

社協の明確な指針が示されたのは、昭和37（1962）年に、全国社会福祉協議会から発表された基本要項でした。ここで初めて「住民主体」の原則を謳い、「地域の福祉に欠ける状態」を住民の主体的な力で解決していく組織と社協を位置づけたのです。また、アメリカからコミュニティ・オーガニゼーションの理論が導入され、私たちはそれらを学習しながら、基本要項に沿った方向に社協をどのように導いていくかに努力しました。

その後、社協は市町村を中核に大きく発展しますが、当初はここに紹介したように、職員が共同で考え仕事を創り出していったものです。

◆生活はハングリー

兵庫県社協に入局した当時の給料は、本俸が7，400円、これに50％の暫定手当がついて、名目10，600円の給料でした。そのとき、西宮で1日2食つきの下宿代が月9，500円だったので、給料だけでは生活できませんでした。これは、県庁職員並みの設定だったので、兵庫県社協がとりたてて低賃金であったともいえません。冬のボーナスは、スーツ1着がようやく買える程度でした。

その反面、仕事に対する志だけは高くもっていました。「武士は食わねど、高楊枝」の心境を実感した、いわば、やせ我慢の心境です。

昭和38（1963）年12月、職員は待遇改善と、より民主的な仕事のあり方を求めて労働組合を結成しました。その結果、大幅な待遇改善は望むべくもなかったのですが、ボーナス支給基準などがオープンなものになり、職員の仕事への熱意は一層向上したと思っています。当時の幹部は、私たちが労働組合を結成したことを、歓迎はしなかったとは思いますが、泰然と受け入れてくださった。

私は、昭和38年3月、恋愛の末結婚し、翌39年双子が生まれましたが、このときの生活水準は生活保護基準以下だったと思います。

貧乏に打ち勝つ最大の武器は「若さ」ではなかったかなと、今になって振り返ることができます。

江戸時代の有名な儒学者の佐藤一斎が「心志を養うは、養の最なり」と言っていますが、当時の私は正にそれであったのかもしれません。

◆福祉は文化、文化は教養

社会福祉は、人々が生活困難や自立困難に陥ったときに、その状態からの離脱を促し、自立を促進するための援助を行う仕事です。さらには、人生の最終章を最も充実したものにするための援助も行います。また、私たちの住む地域社会の改善を図り、誰でもが安心して生きがいをもって暮らせる地域環境を創っていくことも、社会福祉の仕事の範疇《はんちゅう》です。この仕事ほど生きがいのある、人生を充実させる仕事はほかにはないのではないでしょうか。

人が生きることに寄り添って支援していく仕事は、支援する人の人格的影響力も大きなものがあります。私は、兵庫県社協の仕事を通して、多くの素晴らしい人たちと接し、それらの人々から計り知れない影響を受けました。

まずは、初代事務局長の小田直蔵さん。彼は、東大卒後、兵庫県の初の社会事業主事となった方で、大正から昭和にかけて兵庫県の社会事業をリードしてこられた人。温厚で読書人で、われわれ若造を慈しんで育ててくださった。私が入局したときは事務局長を退かれ「参与」をされていました。この方からは、絶えざる学習の大切さを学びました。

初代会長の朝倉斯道《しどう》さん。大阪朝日新聞の編集局長から神戸新聞の社長をされ、兵庫県社協の初代会長に就かれた人。まれな文化人で、書画・陶器・芸術・文化など幅広い分野に造詣が深く、私は朝倉会長の教養をできるだけ吸収しようとしていたように思います。また、朝倉会長は大の権力嫌い、当時の阪本知事などにも歯に衣を着せず、ズケズケと持論を展開し、その小気味よさは正に大久保彦左衛門並でありました。朝倉会長の持論の一つは、「社会福祉は弱い立場の人の立場に立つ、権力者はこれに目を向けようとはしない、だから、われわれは『在野』精神をもってことに当たらなければならない」とするものでした。

私が入局したときの事務局長は、関外余男さん。朝倉さんの後、二代目会長になられる方で、私はこの関さんの影響を最も強く受けた一人だと思います。関さんは、戦前の内務官僚で終戦前後は埼玉県知事をされた経歴の方でした。この方は、官僚の経験を踏まえて、民間の社協はどうあるべきかを絶えず追求してこられました。仕事には殊《こと》のほか厳しかった。新しい企画には徹底してその企画の根拠を追及されました。この追求をかわしえてはじめて企画が事業として実現するのです。この追求に耐える裏づけと熱意を示さないとOKの決済は絶対に下りませんでした。この関さんも決して権力におもねず、それが県民の福祉のためになるかどうかを基準に信念を通された方でありました。晩年は市井の一私人として、ホームヘルパーの支援を受けながら子息に頼らず独り暮らしを貫かれ、白寿で天命を全うされました。

三代目会長は金井元彦さん。兵庫県知事から参議院議員になられ、環境相も務められた方でした。内務省では先の関さんの1年後輩で、終戦前後は青森県知事も務められ、終戦前はいち早く学童疎開を実施され、青森県では学童の被災者は一人もなかったといわれています。この金井さんは、社協の仕事の実効性を強く求められました。社協があることで、県民の福祉のどの部分がよくなっているのか、それはどのように県民の目に見えるのかなどをテーマにされていました。私たちもそれに応えようとがんばったものでした。金井会長は個人的にもテーマをもっておられたのです。それは、少子化問題への対応、周産期センターの充実、骨粗しょう症の予防などでした。昭和57（1982）年当時少子化問題は、まだ国の大きな問題にはなっていませんでした。この金井会長は暇さえあれば読書をされていましたし、いつも、先を見通して考えを出されていました。まさに、リーダーのモデルでした。

四代目会長は、兵庫県副知事を務められた三木眞一さん。この方は、「福祉は庶民感覚で」が持論でした。庶民感覚とは、目線を住民や当事者において仕事をせよ、というもので、この軸足を外すと厳しく指摘されました。ご自身が広島の原爆被爆者でもあったので、目線の置きどころには殊のほか敏感でした。三木会長は情にもろい人でもありました。人の痛みや苦しみに目を塞げない、心根の優しい「福祉の人」でした。

私は、こうした素晴らしい方たちと接することで、その人格的影響を大いに受け、また、人間を理解する視野を養うことができたと思っています。

福祉の仕事をすることは、自分を養うことでもあります。自身の人間性を豊かにし、教養を深め、柔軟な心をもって相手に接する。これは福祉のどの分野でも通用することだと考えています。

兵庫県社協は、学問的環境も豊かでした。文化人の朝倉さん、論理を重視する関さん、先見性をもってことに臨む金井さん、住民主体・当事者主体を大切にする三木さん、さらに、同僚・先輩も学研の徒が多く集まっていました。湯川台平さん（記録の収集・福祉教育の草分け）、同僚の野上文夫さん（のち・大学教授）、八木新禄さん（のち・大学教授）、後輩にも多くの学研の徒がいました（明路咲子、松澤賢治、藤井博志などの諸氏・いずれも大学教員）。こうした先輩・同僚・後輩が切磋琢磨して社協の活動方針を練り上げ、実行に移し、評価し合ったものです。もちろん、その前提には、個々人の自力での学習の積み重ねがあったからだと思います。

こうした環境は、自分たちが創り出したのともいえます。今日の学生は、ともすれば、職場に最初からよい環境が準備されていることを期待しますが、自分にあった環境などはあるはずがありません。環境は、まず自分が、そして仲間と力を合わせて創り出していくものではないでしょうか。

◆阪神・淡路大震災と被災者救援

平成7（1995）年1月17日の早朝に発生した大地震は、未曾有の被害を兵庫県にもたらしました。兵庫県社協では被災者救援と社会福祉の復興を図るために「阪神・淡路大震災社会福祉復興本部」を早速に立ち上げ、不眠不休の復興活動を行いました。私は当時、兵庫県社協の事務局長をしていたこともあり、この復興本部の事務局長も兼ねていました。まず、全国からの救援ボランティアの受入れと活動の場との調整、被災者避難所への支援、障害者支援、高齢者の緊急避難、さらには、被災者に対する生活資金貸し付けなどが主たる復興業務となりました。本学の松澤先生はその時、兵庫県社協の部長職にあって資金貸し付けの責任者。約10日間で54，000件、80億円の貸付をしました。明路先生は広報の責任者。この2人は、私の当時の同志です。

社会福祉分野は、社会福祉だけではありませんが、日常の仕事に加えて、こうした突発的な事故に直面することもあります。そうした時、どれだけの力が発揮されるか、その要諦《ようてい》は、職員の団結力です。その団結力は日常のなかで相互援助や相互批判を通して培われると思います。困難な状況は、それが困難であればあるほど、職員を鍛えます。阪神・淡路大震災の救援活動はそれを目の当たりに見せました。

◆退職後、教育の道に

私は、平成10（１９９８）年3月に定年を迎え兵庫県社協を退職しました。引き続いて、兵庫県共同募金会の常務理事の仕事をしていましたが、縁あって、平成11（１９９９）年4月から九州・宮崎に新設された九州保健福祉大学に教員として赴くことになりました。61歳にして全く未知な仕事と未知な環境、そして初めての土地です。今までの立場を忘れて、新米教員として一からの再出発であり、これがまた新鮮で面白かった。ここで接した多くの学生は、今も私と交流があり、その度に彼らの社会人としての成長の早さに驚いています。やはり、若者の可能性は大きいなと実感させられているこの頃です。

平成15（２００３）年４月からは、また縁あって本学に奉職することになりました。ここの学生も素晴らしい可能性を秘めていますが、まだその力を自覚していない者も多いと思います。多くの学生が自分の力を自覚したとき、彼らの可能性はさらに広がるでしょう。教員としてその援助が適切にできるかどうかが私たち教員に問われています。

◆社会福祉を学ぼうとする学生へのメッセージ

この表題のことが言いたいがために、私がたどってきた道をここに紹介しましたが、これらを踏まえて、次のことを私からのメッセージとして伝えたいのです。

第一に、あなたは、自分の一生をどう意義あるものにしたいと考えていますか。社会福祉は、生活困難や自立困難を抱えた人や人生の完成期を充実したものにしたいと願う人々に寄り添って、その人と一緒に困難を緩和したり解決するための援助をする仕事です。また、みんなが安全で生きがいをもって、自分らしい暮らしができるように地域社会を改善する仕事です。あなたは、こんな仕事を選ぶ権利があるし、この仕事を通して自らの心を満たすことができます。

第二に、福祉の仕事は給料が安いから避ける。確かに、現状はよくありません。しかし、こんな大切な仕事が社会的に報われない状態が長く続くはずはありません。これが長く続くようであれば、日本の文化度は低いままということになります。社会福祉や医療をないがしろにする政治が長く続くはずはないし、また、続かせてはならないと思います。しかし、社会福祉に意識ある学生が「給料が低いから」と避けている限り、社会福祉の改革は遠ざかります。社会福祉に従事することは、絶えず、開拓精神が求められます。よりよい社会を切り拓く開拓精神です。あなたも明日の社会福祉のためその生涯を賭けてみませんか。

「目先の利益を追うものは、その『利益』に敗北する」といわれています。中国の道歌にこんな一説があります。「吾がために　成すは吾が身のためならず　他人のためこそ　吾がためと思え」と。

第三に、社会福祉は正義の実行です。障害者、高齢者、子どもなどの人権や幸福追求の夢はともすれば侵されたり破られたりします。まだまだ、日本の地域社会は、障害者を差別したり、子どもの危険を放置したり、高齢者を邪魔者扱いする風潮から抜け切っていません。社会福祉は、こうした状況を改善するための様々な試みを行っています。差別は許しませんし、この社会でその存在を否定されるような人がいれば、その人のために闘います。社会福祉は、社会的正義を貫く仕事でもあるのです。なんと崇高ではありませんか。

第四に、社会福祉は民主主義を守る仕事でもあります。社会福祉はその職場が民主的に運営されて初めて、サービス利用者や当事者の立場が守れるのです。また、地域社会を住みやすくする、誰もがのびのびと、自分らしい生活をする、疎外されたり、孤立させられたりすることのない状態にするためには、地域社会の民主化を図らなければなりません。社会福祉は民主主義と表裏です。あなたの活躍を期待したいフィールドです。

第五は、福祉社会は平和な社会でなければ根づきません。戦争は社会福祉を壊しますし、障害者や高齢者、子どもに途轍《とてつ》もなく大きな犠牲を強います。戦争は社会福祉の敵です。したがって、社会福祉に関わるものは平和をこよなく希求します。

社会福祉の仕事をするということは、多くある仕事のなかの一つかもしれませんが、実はここに述べてきたように、強い人間愛と崇高な使命を担った仕事なのです。

あなたが、より意義ある人生を歩もうとされるならば、胸を張ってこの道を選択してください。

2 児童福祉からの学び
―子どもたちの生きる力をのばし居場所を考える―

加藤曜子（かとう　ようこ）

担当科目
児童福祉論 児童福祉論Ⅱ 社会福祉入門

◆はじめに

この章を進めるにあたり、私と児童家庭福祉との関係についての個人的経験を通し、その重要性や課題にふれていきたいと思います。児童福祉は社会福祉のなかの子どもを対象にしますが、家族も含めています。さらにその考え方や理念は社会福祉から生まれてきているものと同じくしています。

◆1970年代　学生時代

私の社会福祉実習先は福祉事務所でした。これが私の初めての福祉現場の直接的な経験でした。

実習では、ケースワーカーに同行して生活保護世帯を回りました。第二次世界大戦時の学徒動員で娘さんを亡くされたという一人暮らしの高齢のおばあさんからは、大切にされている娘さんのアルバムを見せていただきました。レースあみのマットにおかれたグラスに一輪の花を活け、つつましい小さな二間に住んでおられました。また訪問先の家では、夫を病気で亡くしたお母さんと子どもさんがひっそりと暮らしていました。そして生活がいかに苦しいかを訴えられていました。「こんなはずではなかった」と涙ながらに訴えられました。当時はぜいたく品といわれるコーラが一箱、それぞれの生活保護の家の玄関におかれていたのを不思議に思っていました。その後、それは自らが飲むのではなく、暑い夏に訪ねるケースワーカーのために出されていたことに気づきました。コーラを私にまで出された時はとても飲めませんでした。

ホームレスといわれる行路病人の人たちの生活歴を見聞きし、どうしてそこから抜けられないのかと思いをはせました。それは分厚いケース記録でした。

私は、その後、堀木訴訟の講演会や、生活保護ワーカーたちの講演会に参加をしました。その時、話題になっていたことは、「健康で文化的な最低限度の生活とは何か？」というものでした。憲法第25条は、社会福祉の基となる「健康で文化的な最低限の生活保障」を謳っています。堀木訴訟は、母子家庭であった堀木さんが児童扶養手当を申請したのですが、堀木さんには視力障害があり、その時障害福祉年金ももらっていたのです。それを併給禁止の原則なので、両方は支給できないとしたのです。私は新聞に投稿をして、生活費とその障害のためのお金は違うのではないかと反論しました。

さらに学生時代には、障害者や子どもに対し「弱者」という言葉を用いていたため、それは不適切であるということにも疑問をもち、投稿をしました。働いてもいない学生にとっては、これが精一杯の自己表明だと思っていました。学生時代は、早く勤めたい、学生でいたくない、早くものが言えるようになりたいという思い、何もできない無力感を感じつつ、矛盾した世の中を外から見ていたように思います。いつも若いながら何かに怒っていた自分がいました。

◆司法福祉ワーカーとして

家族全体を見ることができる家庭裁判所に私は司法ワーカーとして就職しました。若かったこともあり、共感できたのは、少年事件、親権者変更事件でした。子どもに関わることに関心をもちました。司法福祉ワーカーとして家庭裁判所調査官を位置づけました。心理や社会学出身の方と一緒に研修と実務を訓練されました。

当初担当ケースを受けもった時、親から「あなたは子どもがいないのに、親の気持ちがわかるか」と言われてあわてたこともありました。自分の年齢を重ねて行くと、親の気持ちを理解することができるようになりましたが、当時は子どもの側から見ていたようにも思います。先輩からは「わからないときには親御さんに教えてもらったらいいのだよ」と言われ、上からの目線で見ていたことを知らされました。

さらに、少年事件を通して、先輩から学んだことは「その子たちは、その土地に住み続ける。それを考慮して援助を考えていくことが重要なのだ」ということでした。「根づいている」ことが人間にとって重要なのだということも教えられました。しかし、その時はあまりわかりませんでした。

家庭裁判所調査官研修所の修了論文ではクライシス・インターベンションを取り上げました。クライシス・インターベンションとは、危機介入というソーシャルワークの理論の一つです。精神分析から踏襲した当時のソーシャルワークは過去にさかのぼり、その人の成育歴を丁寧に聞いていく手法をとっていました。しかし、危機理論は、危機的場面の場合に、支援の仕方は、過去にさかのぼるよりは、「今、ここから」をともに考えていくことに焦点をあてる理論でした。4〜6週間はうまくいくか、悪くなっていくかの境目の期間だから、悪化していかないように支援をしていくことが重要だという内容です。私はこれについて非行少年の中退問題を取り上げました。非行という危機的場面は家族や学校にとっても危機であること、その危機を自覚し集中的に調整していく必要のあることを考えました。これはのちに渡米し、家出少年問題を扱うきっかけとなっていきました。

裁判所研修の講義では、小島慶四郎先生の「アタッチメントの理論」がとても新鮮でした。イギリスのボウルビイから発展させた理論です。母子関係の基本を学び、その後エリクソンを読んだとき、基本的信頼関係の成立の重要性と重ね合わせました。これらは、その後、ケースを見立てる時の一つの指標となっていきました。

実務で学んだことは、家族図との出会いです。今ではジェノグラムといわれるソーシャルワークにはかかせないツールとなっています。家族療法から発展させていますが、福祉の学生にとっても、とても重要なツールです。ジェノグラムは家族全体のいろいろな情報を組み合わせながら考えていけるという点では、いろいろな分野に応用できるものですし、共有語としても利用できるものです。家庭裁判所は、家族内の紛争も多く扱うため、家族間の相互の関係を理解するためにいち早く取り入れていたのです。

また、司法福祉ワーカーはアセスメントすることが第一の仕事です。つまり情報を集めて、担当ケースに対して、どういったことが課題であるかを示し意見提言をします。

これはのちに、児童虐待問題にたずさわったときに役立ちました。なぜ児童虐待が起こり、今どのようなことで子どもが困り、何が必要なのかを考えていくかという研究テーマにつながっていきます。

◆1980年代　米国時代

米国のサンフランシスコとニューヨークに住むチャンスを与えられました。アパートから車で

5分のところに少年裁判所があり、ファミリー・クライシスユニットに出入りしました。さらに大学院の個別研究に所属しフィールドワークとして家出少年と、虞犯少年・怠学少年の対策（福祉施設法601条でステイタスオフェンダーと言われていました）、さらには児童虐待対策について学ぶことになりました。出会った少年たちは、親あるいは、里親を転々とした子どもたちがホームレスや家出少年になり、行くあてもなく、さまよっている姿でした。「根づく」ことが大切だということがしきりに思い出されました。「根づく」とは、自分が自分であることを確認できるところ、安心して落ち着けるところ、安全なところ、快適なところ、人間関係が地縁を通してつながっているところ、自分が所属している基地という言葉でも言い換えられる意味であることがわかってきました。

家出少年のための一時保護施設の夜のボランティア研修会に参加をして、週1回のケースミーティングに参加を許されました。そこでは裁判所のワーカーと施設職員のカンファレンスが実施され、危機的な状況の子どもをどのようにしていくのか、アセスメント期間を設定し、子どもを家に帰せるのかどうかを検討するということもしていました。施設といってもハウスと呼ばれる一見して住宅の建物であり、その応接間のソファーに各自が座って検討会をするのです。少年裁判所から日系人の親のアセスメントを任されました。また、サンフランシスコでは戦後渡米者の会があり、そこで相談員のボランティアもしました。文化の違い、二世の悩み、離婚後の妻の悩みなどなど、これらは国際社会になってますます増加している問題だといえます。

一人で暮らす孤立化した日本人から自殺者も出ていましたので、異国で暮らす場合には、支え合いのネットワークを築くことがいかに重要かを経験しました。さらに「ネットワーク」で支えられることの大切さを、異国で住む同胞にも教えられました。

青少年問題を学んで「目からうろこ」だったのは、非行は児童虐待と関連が高いという点でした。日本には児童虐待はないと言いきった論文では、日本は子どもを可愛がる国であるし、家族のつながりは強いものであると言われていました。私も少年事件を担当したとき、躾《しつけ》に厳しいお父さんというとらえ方しかできていませんでした。虐待は母親が子どもを気に入らないで叩くとか、父親が気に入らないので叩くというイメージでした。しかし、「躾のいきすぎ」で子どもが傷つくならば、それは「児童虐待」なのだという定義にふれたとき、出会った多くの子どもたちは、実は親からの虐待を不当に受けていたのだということを理解しました。

加害者であったと思っていた子どもたちが実は被害者であったということ。これは本当に自分にとってはショックなことでした。やがて日本に帰国した際、私のテーマにしたいと思いました。また、家族関係が悪化する前に、親へも働きかける予防が重要なのだという点も強く心に刻みました。帰国後、古川孝順先生の「子どもの権利」の本を繰り返し読みました。

滞在していたサンフランシスコに、イギリス人のボウルビイが講演に来られました。かなりのお年でしたが、イギリスジェントルマンの風情のある先生でした。今日本では、イギリスの基本理念の一つであるアタッチメントセオリーをいろいろな学者が論じています。２００６年にイギリスで3か月在外研究したおり、必ず取り上げられていたのがイギリスでのアタッチメント研究でした。福祉を学ぶものにとっても、心理学の理論にふれておくことは人間を理解するうえで、とても重要だと思います。イギリスではソーシャルワーカーがワークショップで実践からの知識を教えていました。

◆1990年代　帰国後の児童福祉との関わり

日本で初めての児童虐待防止協会が設立され、参加することになりました。日本では虐待がないと言われていた時代ですが、専門家の間ではすでに児童虐待は日本で進行していると認知されていて、どう食い止められるかを模索していた時代です。児童虐待防止のホットラインを設立することで親の訴えを生でキャッチできるのではないか。ホットラインから親を支援できるのではないかというのがスタートでした。ここで私は多くの悩める母親に出会い、児童虐待は特殊なことではないことを確信していきました。親は叩きたくて叩いているわけではなく、うまくいかないことが積み重なって、ついついそのストレスをためているということは合点がいったことでした。いろいろな機関やサービスが親を通して、また機関と関わることでわかってきました。現在も多くの親から学ぶことは続いています。

帰国後、私は大学院で学びなおしながら、大学でも教えるという生活をし、その後もいくどか米国を訪問し、学会や円卓会議に参加をしました。

大学院で学びなおしたことの一つは、岡村理論でした。社会福祉原論では必ず出てくる先生です。先生の功績は「主体性の原理」にあると思います。

今までの福祉の考え方は、関係者が集ってその人のことを考えるというものでした。しかし、岡村先生が言わんとしたことは、その人の側に立つことでした。

米国在住時、虐待の被害者である当事者が講演に立ち自分の経験を話しました。私にとっては驚きの一言につきました。スピークアウトすることは、その後自分史を語るなど、児童養護施設の出身者に応用されていきます。当事者からの「語り」を聞くことは、実践者は教えられることが多く、さらに当事者たちもそれを力にできることになります。当事者の声に耳を傾けること、そしてその人が自分のもつ力を発揮できるようにするということがさかんに言われていましたが、これは「主体性の原理」と重なります。さらに具体的にはエンパワーメントといわれる援助手法が強調されていきます。支援者は、その人の側に立ち、その人の声に耳を傾け、必要なことをともに考えていくアプローチの仕方です。

２００１年に全米児童虐待防止大会に出席した時、ある歴史家が記念スピーチをされました。おい黒人のその彼女は13歳の時に、身寄りをなくし、４歳のおいと二人暮しを強いられました。おいと二人で近隣の助けを借りて暮らしていましたが、あるとき強制的に福祉のワーカーが来て、里親の元に連れて行かれ、おいとは離れ離れになってしまったといいます。その後、彼女は虐待を受け、最後には家出をしたという自分史を語られました。

そのなかで彼女が主張したのは、「なんの説明もなしに、里親の元に勝手に連れて行かれた。なぜ、私の意見も聴かずに保護されてしまったのか、納得がいかなかった。子どもだとみさげないで意見を丁寧に聴いてほしかった」という内容でした。当事者の声にいつも耳を傾け、その人が納得していける、その人の意見やもっている力が出せるように支えていくことが重要であることを、今さらながらに考えさせられました。これが今、社会福祉の考え方の主流になっています。

◆エコマップを学ぶ

大学院で学んだことで印象的だったのは、エコマップです。エコマップはアン・ハートマンが考案したものですが、岡本民夫先生が紹介されました。現在はかなりの度合いで広がってきています。いろいろな書物で表記法も詳しいものから、平易なものまで工夫されています。ジェノグラムと併用される場合もあります。その人の現在の人間関係を一つの図を使って見ることができるというものです。虐待をしている親の場合には、他の人とのつながりがなくて、孤立的であることが多くあります。支援を必要としている人の場合には一緒に考えていけるものでもあります。

家庭裁判所の先輩が、少年たちはその地域に住み続けるのだ。それが大切なのだと言ったことを思い出します。かつて家庭裁判所で出会った少年たちのなかに、一緒に銭湯にいく仲間がおり、近隣が助けてくれるネットワークの文化がありました。そこで少年たちは立ち直っていきました。

今、そういった文化は薄まるなかで、新たな地域・コミュニティをつくる必要が出てきているのです。子どもたちの孤立化を防ぎ、新たなつながりをどのようにつくっていくのか、児童福祉の世界では「孤立を防ぐネットワークづくり」が大きな課題となっていきます。「根づく」ということは、その後ニッチという言葉で住み心地という生態学の言葉でも表されていることがわかりました。

◆2000年代の変化と今後

家族の機能が弱くなり、人口構成が変わり福祉ニーズが変化し、人のつながりがないまま、すぐに専門家や救急車を呼びつけるという時代のなかで医者は疲弊し、親はモンスターペアレントと呼ばれる時代が到来しています。

児童福祉も法律がたくさん変わってきました。福祉ニーズが増大したという言葉で言い換えられますが、児童福祉の場合には、いじめとか、不登校の問題のなかには学校だけでは解決できないネグレクトや貧困問題とも関係した生活問題であることが認識されつつあります。さらに、被害者である子どもたちの実態も少しずつ見えてきました。しかしながら、日本は急速に法律ができ急速に問題が膨らんだため、必要なことを発見しても、それに対応するためのサービスを提供することが困難になっています。つまり、傷ついた子も、外で暴れている子も、解決されるチャンスがないまま、そのまま大人になっています。性的虐待についても明らかになりつつあります。

しかし、傷ついた子どもへの一時保護所や施設でのケアは後手に回っています。里親制度もまだまだです。また、頼る家族のいない子どもたちは、18歳になれば、一人で生きていくことが強いられます。「根づく」ことが重要だと言われていたのですが、責任がもてない家庭へは、帰ることができません。再び子どもたちが自分の居場所で「根づく」ために、大人になるために、まだまだ整える環境づくりはできていません。

児童虐待の分野では、児童虐待防止法が平成12（2000）年、児童虐待防止ネットワークが平成16（2004）年に法律で定められ、私が研究テーマにし、調査し、ワークショップをしてきた「アセスメント」や「地域のサポートネットワーク」の重要性が認知されつつあります。すでにわかっていることでも、それらが多くの人の心に浸透していかないと変革の力にはなっていきません。つまり社会問題として認知され、社会福祉問題として承知されていくことで、ようやくスイッチが入った状態になるのです。

1970年代からいろいろな制度や取り組みがなされてきました。そこで助かった子どもたちの命もありますが、まだまだ解決していかないといけない児童問題は山積みになっています。医療、保健、さらに学校ともども、「生きる」ことや「子ども時代をよりよく過ごせるように保障すること」をどう工夫していくのかという点です。私はこれから児童福祉に従事したいと願う若者に、ぜひ、そのことに関心をもってもらいたいと期待しています。

◆学生たちへ一言

学生時代には、ぜひ、子どもと接するボランティア経験をしてください。そして毎日子どもに関するニュースに敏感になっていてください。自分の子ども時代も思い出してください。そしてつらかったこと、してほしかったことをも心に刻みつけておいてほしいのです。そして一番の重要なことは、自分の楽しい思い出や、自分ができたことをさらに書き留めておいてほしいのです。やがて、大人になったとき、それらがなんらかのヒントや力になってくれるのですから。

＊文中には、たくさんの専門用語が出てきます。ぜひ、４年間の講義のなかで学んでくださいね。

3 障害者福祉はおもしろい

藤本次郎（ふじもと じろう）

担当科目
障害者福祉論・障害者福祉論Ⅱ 就労支援サービス・社会福祉入門 障害者心理学・臨床心理学実習A

◆大学の選択と心理学との出会い

兵庫県の田舎で育ち、深く考えもせず県立高校に進学した私ですから、大学の選択も極めていい加減なものでした。何が学びたいというより、いわゆる消去法で、残ったのが文学部でした。自分のなかには、何となく将来は文章を書く仕事ができればいいなあ程度の思いがあり、県内の某国立大学と私立大学の文学部を受けました。今でも覚えておりますが、ある英単語を誤訳して某国立大学には入学できず、かといってもう1年受験勉強を続ける根性もなかったので、仕方なく私立大学に入学しました。

しかし、幸運だったのは、入学した大学では、入学時に学科を選択しなくてもよかったことです。1、2年生の間は教養科目と基礎演習があり、3年生からゼミを選択すればよかったので、2年間はのんびりと部活動に明け暮れました。その基礎演習で出会ったのが心理学です。心理学科には主に実験による学習心理学のゼミがありました。心理学が気に入ったのは、その科学性です。文学や美学は研究対象に対してそれなりの学術的評価が確立しているのに対して、心理学では、事実を証明できれば、若造でも評価される学問であることを知ったからです。特に学習理論とその応用を学べたことは、障害者支援に関わる時のバックボーンになり、その後の仕事に大いに役立ちました。

◆卒業論文のこと

大学で何を学んだかは、正直あまり覚えていません。ただ唯一、卒業論文でいろいろ苦労したことが残っています。しかも残っているのは研究の中味よりも、卒業論文を書くために先行研究を探し、仮説を考え、実験を実施してその結果を分析し、考察して結論を導く、この仮説検証のアプローチ手法を身につけたことです。いわば、勉強の仕方を勉強したといえます。この手法は、その後仕事についてからも、課題にぶつかった時に使う手法になっています。

先の学習理論と合わせて、私は大学でその後の社会人生活を送るための二つの重要なツールを手に入れたと思っています。

◆大学院のこと

大学4年生になって就職活動を始めたのですが、これといってしたい仕事があるわけではありませんでした。心理学を勉強したので心理職も募集している公務員試験を何となく受けてみようか程度で、二つの地方自治体の職員採用試験を受けました。就職難の時代で狭き門でもあったのですが、十分な準備をしているわけではないので、当然受かるはずもありません。

そんな時、兄と話す機会があって、兄がいうことには「お前の大学には大学院はないのか…」と。「そうか、そんな選択もあるな」と思い、だめもとで大学院の試験を受けてみたら、運よく合格したのです。授業料やら生活費やら、そんなことは何も考えていなかったのですが、親には「今まで『勉強しろ、勉強しろ』といってきたくせに『勉強したい』というのに反対するのか」といって説得しました。

大学院に進んでよかったことは、学問もさることながら、多くの先輩に出会えたことです。直近の先輩はもちろん、すでに卒業されてさまざまな大学で活躍されている先輩と交流する機会に恵まれました。なかには苦手な方もありましたが、多くの先輩になぜか「次郎、次郎」とかわいがっていただきました。流通科学大学との縁を取り持っていただいたのも、そのなかの一人の先輩です。

◆就職の経緯

研究がおもしろく、博士課程後期課程まで進んだのはいいのですが、就職先が見つかりませんでした。あやうくオーバードクターになりかけた頃、たまたま大学の研究室で教授に会い、研究室に呼ばれました。そこで「兵庫県が心理職を募集している。行って話を聞いて来なさい」と指示されました。断わると次からはお声がかからないという言い伝えがあったので、軽い気持ちで出かけました。

お話をうかがいにいった方は研究室の先輩でした。この先輩が後に私の上司で、臨床活動の師匠になるのですが、極めてせっかちというか、仕事の内容の説明もされないうちから、「履歴書は持ってきたか」と尋ねられました。こちらは教授の指示で軽い気持ちで行ったわけですから、もちろんそんなものは準備していません。「いいえ」と答えると、その方は私を文房具屋に連れて行き、履歴書の用紙と三文判を買わせ、その次に写真屋に連れて行き、履歴書用の写真を撮らせ、最後に喫茶店に連れて行き、その場で履歴書を書かされました。すなわち否応もなく採用試験を受けるはめになり、なぜか合格してしまったのです。

これが、私が福祉業界にどっぷりとつかる転機となりました。

◆知的障害者更生相談所での仕事

兵庫県の心理判定員に採用され、配属されたのは知的障害者更生相談所でした。仕事は相談者の知的発達レベルを測定し、その結果を判定書にまとめる仕事です。知的障害者更生相談所には、その後6年3か月勤めることになるのですが、ここでの経験が今の私の原点となっています。

初出勤の日に3日後から心理判定の仕事があるので勉強してきなさいと、鈴木ビネー式知能検査の検査手引きを渡されました。大学では知能検査を見たこともないし、もちろんやったこともありませんでしたから、3日間手引きを読んだぐらいできちんとできるはずがありません。初めての検査は手引きを見ながらの極めてずさんなものでした。

しかし、心理判定の仕事はおもしろかった。検査結果をもとに、心理学的判定意見を作成するのですが、指導プログラム（そのころは支援ではなく指導でした）を入れるように指導されました。このとき、大学で学んだ学習心理学の知見が応用できることがわかり、大げさにいえば学んできた心理学は、単なる学問ではなく、社会に貢献できる学問であることに気づいたのです。

◆知的障害者福祉がライフワークになった理由（臨床心理家のメジャーとマイナー）

その頃は、臨床心理士という資格はまだありませんでしたし、後にこの資格をつくる母体となる「心理臨床学会」もまだありませんでした。しかし、私が心理判定員になったその年に「心理臨床学会」ができるきっかけとなる「心理臨床家の集い」という集会が琵琶湖のほとりの古びた旅館で開催され、上司の勧めでその集会に参加することになりました。そこでショッキングなでき事に出会ったのです。

泊りがけの集会で、十数人の相部屋でしたが、初日の夜に自己紹介となりました。その時私は「知的障害者の心理判定をしています」と自己紹介したのですが、何人かの参加者から「それ何？」という顔をされたのです。彼らは精神科病院の心理職で、病院臨床以外は心理職ではないような雰囲気でした。私はようやく心理判定の仕事にも慣れ、また心理職として知的障害の方に貢献できるのではないかと感じ始めていましたので、とてもショックでした。この時、生来の負けん気がむくむくと頭をもたげてきて、心理判定員も立派な心理臨床家であると認められるようになってやろうと密かに決意したのです。これが私の福祉心理屋の出発点となっています。

◆公務員から施設職員へ

兵庫県の職員になって6年を過ぎた年の春、知的障害者更生相談所から身体障害者更生相談所に異動となりました。身体障害者福祉の知識がほとんどなかったので、慣れるまで苦労しました。ちょうどその頃、姫路市が障害児・者の総合療育センター構想を計画されていて、その中心的な立場の人たちの計画会議に参加する機会を得ました。センターの掲げる理念は「知的とか身体という障害種別を超えた、児・者一貫の支援の実践」でした。この理念は新鮮で共感できるものでした。私は計画会議のなかで、心理職の必要性を訴えました。そして、何度か意見交換するうちに、その必要性を理解していただき、新しいセンターの心理職としてお前が来ないかとお誘いを受けました。身分が民間団体の職員になるので、家族からは反対もありましたが、迷わず転職を決断しました。

◆施設職員時代

昭和63（1988）年4月、私は姫路市社会福祉事業団の職員となり、当初は肢体不自由児通園施設「白鳥園」の心理療法士として配属されました。白鳥園には、すでに保育士が配属されていましたが、リーダーとなる医師を筆頭に、新しいセンターの仕事を担うため各地からリクルートされてきた看護師、理学療法士、作業療法士、言語聴覚士と心理療法士の私、新規採用の若い理学療法士と作業療法士、さらに事務と兼務でしたがケースワーカーなどが加わり、2年後のセンター開設に向けて準備が始まりました。すべての職員が理想に燃えており、しばしば夜遅くまでこれからの仕事について議論を交わしたことを覚えています。

平成2（1990）年4月、新しく「姫路市総合福祉通園センター」が発足しました。センターでの仕事は新鮮で刺激的でした。最もよかった点は、自らが小児科医である所長の方針で、すべての職種が対等の関係で仕事が進められたことです。一般に医療型の施設では、医師が頂点で、その指示の下で他職種が働くのが普通です。しかし、センターでは形式的には医師の指示にしたがって仕事をする形ではありましたが、自分の意見をきちんと聞いてもらえたし、実質的には各職員に相応の責任が与えられ、仕事を任せていただきました。

ここで勉強になったことの一つは、様々な専門職の仕事の内容と仕事の仕方を知ることができたことです。また、逆に彼らに心理職の仕事を理解してもらい、うまく使ってもらえることの重要性も学ぶことができたと思います。

一人の心理職としては、子どもだけに関わるのではなく、親さんの悩みや疑問に耳を傾け受け止める技能、発達に課題をもつ子どもさんの子育てに意欲をもって取り組んでもらうために、毎回何がしかのヒントを提供する技能などを取得できたように思います。また、保健所の1歳半健診を手伝ったり、障害児保育を実施している保育所の手伝いをすることなどが増え、心理職でありながらケースワーク的な取り組みにも興味をもつようになりました。

◆成人施設部門の相談部門創設

白鳥園で4年仕事をした後、所長から児・者一貫の支援体制の構築のため成人施設部門に相談部門をつくるよう指示を受け、知的障害者通所授産施設「かしのき園」に異動になりました。成人施設部門はかしのき園を含めて4つの障害者施設から成っていましたが、相談部門をもっている障害者施設は、今でこそ珍しくなくなりましたが、当時は画期的なことでした。施設長を説得して「地域支援部」と名づけ、当時はまだ措置制度時代でしたが措置外の利用者も受け入れました。特に力を入れたのが、障害者の雇用支援です。担当職員とともに施設利用者や利用者ＯＢの就職支援とともに、姫路市内で初めてとなる特例子会社の設立にも関わることができました。この成人施設部門での仕事は、後にセンターの障害者地域療育等支援事業となり、雇用支援の取り組みは姫路市障害者雇用支援センターの設立につながったものと、密かに自負しています。

◆左遷の憂き目とそこで学んだこと

よい相談部門をつくろうとずいぶん張り切りましたが、一方では疎ましく思われたのでしょう。自分ではこれからだと思っていた平成８（１９９６）年４月、予想もしなかった重症心身障害者デイサービス施設「白鳥自立センター」への異動となりました（当時はそのような制度はまだなく、姫路市の独自の制度でした）。しかも、仕事は介助職でした。前の上司からは「修行してきなさい」と言われ、新しい上司からは「ここで修行しなさい」と言われました。正直、悔しいと思いました。

新しい仕事の多くはすぐに慣れましたが、ただ、食事の介助はつらかったです。重症心身障害の方の食事介助は難しい。障害のために噛み噛みができないし、ごっくんができません。そのため、食べ物の形状を変えたり、オーラルコントロールといって姿勢をコントロールするのですが、初心者にはとても難しい。昼ごはんを食べるのに、下手をすると何時間もかかってしまいます。その日の朝に担当が決まるのですが、難しい人に当たると、朝から気分が落ち込んでしまうほどでした。しかし、ある日気づいたのです。もし彼がしゃべれたら、「藤本の介助では食べられへん」とおっしゃるのではないかと。その日から自分は変わったと思います。当然のことですが、福祉専門職であるなら利用者の方が満足できるサービスを提供できなければならないということを教えていただきました。

◆自己選択について

白鳥自立センターで利用者の方から教えていただいたことがもう一つあります。それはどんなに重い障害の方でも育てられ方や関わり方の工夫で自己選択は可能であるということです。具体例は省略しますが、小さい頃から障害のために無理だとかできないと決めつけるのではなく、選択の機会を与えられること、その選択肢の提供の仕方が本人の障害程度に合っていること、さらには本人のかすかな反応を的確に読み取れる支援者がいることなどの条件が整えば、どんなに重い障害をもっていても自己選択ができるようになるのではないかと、白鳥自立センターで多くの重症心身障害の方に関わっているうちに、確信できるようになりました。

◆施設職員から大学教員へ

平成10（1998）年4月から白鳥自立センターの施設長になり、利用者さんに直接関わる機会はぐっと減りました。元来自分で直接関わって仕事をすることが好きでしたので欲求不満になりかけましたが、その解消法として自分のしたいことを若い職員に代わりにやってもらおうと考えるようになりました。私の考えがスムーズに伝わるよう、若い職員には研修の機会を与えたり、施設内での研修も実施しました。夜遅くまで議論をしたこともたびたびでした。その甲斐あって、若い職員ががんばってくれ始め、職員が私の考えを理解してよい実践をしてくれたら、自分一人でするより何倍もの実践ができることを体験しました。

そんな時、大学時代の先輩から流通科学大学で仕事をする気はないかとお誘いを受けたのです。公立施設の施設長の限界を感じ始めていた私は、大学で社会福祉を志す学生さんに障害者福祉のおもしろさを教え、そのなかから障害者福祉の仕事を選択してくれる学生さんを一人でも多く育てたいと思い、流通科学大学にお世話になることにしたのです。この時、せっかく福祉系の大学に行くのだからと一大決心をして、通信教育で社会福祉士国家試験受験資格を取り、何とか合格しました。これ以後、「心理検査のできる社会福祉士」が私のキャッチフレーズになりました。

◆障害者福祉現場で学んだことは、

ほぼ20年間にわたる障害者福祉現場で学んだことは大きく分けて二つになるかと思います。

一つは、どのような職場であっても必ず自分の役割があり、それに打ち込むことが大事であるということでしょうか。職場は自分で選べるとは限りませんし、時に逆境に陥ることもあるでしょう。しかし、そのようなところにも自分の役割があると信じ、早くそれを見つけてほしいと思います。そこで身につけたことは必ずや将来役に立ちます。

もう一つは、人との出会いを大切にするということです。今日の私のあるのは、今まで出会ってきた多くの人のおかげであり、私にとってそれらの人々は何ものにも代えがたい人的財産ともいうべきものです。

◆障害者福祉を続けているわけ

学生さんから藤本はなぜ障害者福祉を選んだのかとよく聞かれます。正直にいうと、よくわかりません。学生さんには今のうちにボランティア活動などを通じて現場を見ておきなさいなどと偉そうに言ったりしますが、自分は学生時代に現場をよく見てきたかというと、必ずしもそうではありません。ただ、その頃はボランティアという言葉は使っていなかったと思いますが、先輩に誘われて児童養護施設や視覚障害者施設によく遊びに行きました。

障害者福祉と出会ったきっかけは、まったくの偶然といえます。しかし、最初の仕事場で出会うことになった知的障害の人たちと一緒にいることは、最初から全く違和感がありませんでした。学生さんがよく言う「こわい」とも感じなかったし、一緒にいて苦痛を感じることはありませんでした。それと何よりも、自分が関わって助言したり支援した方が、できないことができるようになったとか、周囲を困らせていたことがなくなったとか、目標としていた次のステップに進めたということを見たり聞いたりすると、自分のことのようにうれしくて仕方がないのです。大声でみんなに伝えたくなるほどです。

障害者福祉の仕事の多くは、何か多くの人にもわかる形が残る仕事ではなく、このように極めて個人的で些細な結果の積み重ねなのです。しかし、自分が関わった人が少しでも幸せになったと感じてもらえること、そしてそれに関われたことが自分の喜びになることが大事だと思っています。これがおもしろくて辞められない理由でしょう。

◆大学に来て驚いたこと

大学に来た目的は、自分が携わってきた障害者福祉のおもしろさを学生さんに伝え、将来障害者と関わる仕事を選ばれる学生さんを一人でも多く育てたいということでした。ところが、大学に来てわかったことは、障害者福祉の人気があまり高くないということでした。学生さんたちに理由を聞くと「障害のある方はこわい」とのこと。これは、それまでそんなことを考えてもみなかった私にとっては、いささかショックなことでした。しかし、よく考えてみると、これはおそらく多くの学生さんがこれまで障害のある方にあまり出会ったことがないことに起因していると思われます。出会ったこともなければ、理解できるはずもありません。これはおそらく次のようなことが影響しているのではないでしょうか。

近年、障害児の早期療育や特別支援教育の仕組みがずいぶん発達し、重い障害をもった子どもたちが、乳児期から専門機関で療育を受けられるようなり、学童期になれば特別支援学校で教育が受けられるようになっています。このことは、これまで十分な医療や訓練、教育を受ける権利を奪われてきた障害をもつ子どもたちや親さんにとってはとても喜ばしいことです。しかし、一方でこのことは重い障害をもった子どもほど地域の子どもたちや町の人と出会う機会がなくなっていることでもあるようです。ノーマライゼーションの時代ではありますが、このような問題もあります。

障害者福祉はおもしろいと言いました。そのことを理解していただくために、ぜひとも在学中にさまざまな障害のある方に出会ってほしいと思います。

◆ボランティアの勧め

障害のある方と出会う方法としては、ボランティア活動に参加することが一番です。しかし、なかなか踏み出せない学生さんが多いことも事実のようです。

ボランティア活動を始めるためには、コツがあります。最初から本格的なボランティアをする必要はありません。まず、興味がある障害のある方たちがおられる施設を見学することから始めてください。ほとんどの施設はボランティアを受け入れていますので、ボランティア担当の職員がいます。その職員に電話で見学を申し込めばよろしい。一度見学して、その施設の雰囲気や利用されている方の印象で、次どうするかを判断すればいいと思います。いい感じであれば、次は単発の催し、たとえば施設のお祭りのお手伝いをしてみてください。逆にどうもしっくりしないと感じたら、この段階でやめればいいです。そして、また他の施設を見学してみる。そのような段階を経て、なじんでいけばいいのです。

人には相性というものがあります。一口に障害者といっても様々な障害のある方がおられます。

私は知的障害の方との相性がよかったので、何の迷いもなく知的障害者福祉の仕事を続けているといっても過言ではありません。みなさんもいろいろなタイプの障害者と出会ってください。

いろいろな障害者と出会ってみたけれど、どうもしっくり来ないという方も心配はいりません。福祉の対象には、児童も高齢者もあります。ぜひ学生時代にボランティア活動を通じて様々な福祉現場や福祉利用者と出会っておいていただきたいと思います。その体験は将来のために必ず役立ちます。

◆学生時代に身につけておいてほしいこと

障害者福祉の利用者の多くは、自分の思いをうまく表現できなかったり、自分で選んだり決めたりすることも困難な人たちです。そのような人と接するときに重要な能力の一つに、相手の些細な変化をも感じることができることがあげられます。そのためには、今から感性を磨いてほしいと思います。自然に触れたり、芸術を鑑賞したり、恋愛したりなど、いろいろなことに関心をもち、自分の感じる力を高めてほしいと思います
あえて言いますが、初めて重い障害のある方に出会った時、「あー、かわいそう」とか「わー、汚い」と感じることがあるかもしれません。私は、そのようなことを感じることが悪いとは思いません。むしろ、そんなことさえも感じない方であれば、その人には障害者福祉の仕事は向いていないと思います。大事なことは、そこで止まらないでほしいということです。そう感じたあと、

自分がその人のために何かができるのではないかと気づき、もう一歩前に進んでほしいのです。そうすれば、私がいうおもしろさがきっとわかっていただけるはずです。

もう一つ、身につけておいてほしい能力があります。障害のある方を支援する場面は、支援者が指示する側、利用者は指示される側になる場合が多くなり、上下関係というか、強者と弱者の関係、つまり支援者が知らず知らずのうちに利用者の権利を侵してしまう可能性をいつも秘めていると言えます。ですから、支援する側は、絶えず自分の提供するサービスが適正で、利用者の権利を侵害していないか内省できることが求められます。日頃から、自分の行動を内省できる力を養っておいてください。

障害者福祉の中心的な理念はノーマライゼーションです。ノーマライゼーションとは「地域であたり前に暮らすこと」と言えます。地域であたり前に暮らすことを支援するためには、あたり前の感覚を磨いておく必要があります。あたり前の感覚とは、常識がわかることと、人それぞれに多様な価値観があることが認められることと思います。それができるようになるための一つの方法は、いろんな人と付き合い、いろんな経験をしておくことだと思います。といっても大学時代にできることは限られています。お勧めしたいのは、勉強はもちろんですが、課外活動に参加してみることです。私は、学生時代はオーケストラ部に入っていました。音楽的才能はからっきしだめでしたので、足を引っ張ることばかりでしたが、部活での経験でよかったことは異なる学年、異なる学部の先輩後輩と付き合えたことです。気が置けない同学年の友だちをつくることも大事ですが、異年齢の様々な価値観をもつ人に触れるために、ぜひ課外活動に参加してみてください。

そしてもう一つ、学生時代に身につけておいてほしい習慣があります。それは、毎日、新聞を読むことです。併せて、テレビの報道番組などを視聴することもお勧めします。そして、それらの情報を鵜呑みにするのではなく、自分なりの評論ができるぐらいになってほしいと思います。少なくとも、今、世の中ではどのようなことが起こっていて、多くの人びとがどのようなことに関心があるのかを知っていないと、よい仕事はできません。障害者福祉に限ったことではありませんが、ある事象が単独で起こっていることはまずありません。障害者福祉の問題ではあっても、社会保障の問題や児童福祉、高齢者福祉、はたまた地域福祉の問題とも密接に関連しているといったことのほうが多いのです。新聞を読む習慣は、将来きっと役に立つはずです。

あなたに、障害者福祉に興味をもっていただけることを期待しています。

4

高齢者福祉の現場で働くということ

―ままならぬ日常生活を支える専門性―

松澤賢治（まつざわ けんじ）

担当科目
高齢者福祉論・高齢者福祉論Ⅱ
福祉サービスの組織と経営
社会福祉入門
ボランティア入門

◆はじめに

私は、現在の仕事に就く前の6年間、高齢者介護施設で施設長として勤務していました。みなさんに馴染みのある名称でいうと、老人ホーム（特別養護老人ホーム）の園長だったわけです。

当時の仕事のエピソードや、日々の仕事のなかで感じたこと、考えたこと、学んだことを少しですが紹介したいと思います。

◆認知症のNさん—人生の大先輩の一言

私が勤めていた高齢者介護施設は、新設の特別養護老人ホームとケアハウスそれぞれ100名分のお部屋が準備された比較的規模の大きな施設でした。特別養護老人ホームはもちろんのこと、ケアハウスも入居者のほぼすべてが、介護保険制度でいう「要介護」（心身に何らかの障害があり、介護や介助がないと日常生活が困難）の状態の方々です。

ある日の午後、私の部屋（施設長室）にケアハウスの生活相談員に付き添われた（実際には、相談員を従えてという風格でしたが…）80歳代の女性の訪問を受けました。仮にNさんと呼ばせていただきます。彼女は、当日午前中に入居（ケアハウスへ引越し）されて挨拶にと訪れられたのです。

Nさんは、開け放した扉の前にたたずみ、「失礼…」と気品を感じさせる声で挨拶しながら室内に入ってこられたのです。そして、相談員が「Nさん、こちらがこの施設の責任者の松澤施設長です」と私を紹介した時のことでした。

彼女は、私の顔をマジマジと眺めた後、おもむろに一言、「貴方が責任者なの、まだまだね、しっかりがんばりなさい。よろしくね。」で、その場のセレモニーは終わりました。

私はこの時の情景とNさんの一言を、今でも忘れることができません。

彼女はアルツハイマー型認知症で、病状からくる認知症状は中程度以上で決して軽いとはいえない状態でした。そのNさんが、初対面の私を見て最初の一言が先ほどの台詞《せりふ》だったのです。

当時私は、施設を立ち上げた直後で、すべての仕事が試行錯誤の連続でした。仕事に自信がもてず、自問自答の日々が続いていました。そのことを彼女は一目見て見抜いたのではないでしょうか。少なくとも私は彼女の発言をそう受け止めました。

長年、様々な人と出会う機会の多い仕事をしてこられ、いろいろな苦労を重ねてきた彼女は、出会った人の表情や顔色から、その人の様子（体調や精神状態など）や人となりを見事に、そしてやや辛口に分析したうえでの一言だったのだと思います。

まいった！　そしてがんばる力をもらった！

高齢者介護施設というところは、職員が世話をする人で入居している高齢者は世話をされる人、という構図で成り立っていると見がちです。現実に、日々の仕事の様子はそのとおりでしょう。しかし、世話をされる立場であるはずのNさんの先ほどの一言にハッとさせられたり、元気をもらう…。施設にはそんな日常もあるのです。

◆介護は人と人とのキャッチボール

高齢者介護施設の仕事と言えば、「介護」がその中心です。一般に介護とは、日常の身の回りの世話や援助と解釈される場合が多いでしょう。これは正解ではありますが不十分です。施設ではよく「三大介護」という言葉が使われます。これは、食事・入浴・排泄に関わるお世話をさしています。確かに三大介護は高齢者介護施設の日常業務で、一番時間と手間を要する業務です。

では、施設ではこの三大介護だけをやればよいのか、どんなやり方でもよいのかというとそうではありません。「よい介護とは」については次に譲るとして、ここでは「介護とは？」について考えてみましょう。

介護という言葉を英語に置き換えると、「Care」です（本当は、「Care」という英語を日本語に置き換えた時に「介護」という言葉が生まれたのですが…）。この言葉には、大きく二つの解釈があると言われています。

一つは前述のように、日常の身の回りの世話や援助をさす言葉としてです。これは介護を必要とする高齢者だけでなく、乳幼児・病人や怪我人・障害者などの世話にも使われます。ですから、介護は、人の生活の様々な場面で遭遇する出来事と関わって、一旦事が起った場合には必要不可欠な行為となるのです。ですから、特殊なことではないのです。

もう一つは、人は常にケアを受ける立場にもなり、提供する立場にもなるという考え方です。「Care」を直訳した単語群から説明しましょう。「Care」を直訳すると「心配、苦労、関心、配慮、注意、世話、保護、責任、用事、気にかける、愛する、好む、欲する…」などの意味があると言います。

さて、ここで問題です。みなさんはここに並んだ言葉からどんな場面を想像しますか。たとえば、心配する、心配をかける、苦労する、苦労させるという具合に、みなさん自身が日常生活のなかで、する側になることも、される側になることも結構あるのでは、ということです。すなわち、言葉の使われる状況次第で、お互いの役割がチェンジする場面が想像できるはずです。ですから、介護（Care）とは役割が固定した一方的な行為なのではなく、相互の関係あるいはその関係の良好な継続といった意味もあるのです。

◆福祉専門職の仕事は、生活を科学すること

高齢者は、積み重ねてきた長い人生のなかで様々な経験を蓄積しています。先ほども述べたように、高齢者介護施設には「要介護」の方々が様々な事情を抱えて入居してこられます。入居までのご相談の過程で、様々な準備や手続きを行うのですが、なかでも大変重要なのは、現在のご本人の状況（介護を要する身体的、精神的な様子）と、ご本人の生活の歴史（生活歴）です。これらの情報は、施設の生活相談員が事前にご本人にお会いしてうかがったお話や、ご家族からの聞き取り、ケアマネジャーという高齢者介護サービスの専門家からの情報提供や医師の診断書、診療記録などから集めるのです。こうして集められた情報は「記録」（フェイスシート）として集約され、入居後の生活や介護の方針を決める資料となります。

しかし、先ほどのNさんは80歳を超えています。入居前に、われわれの知り得た情報は彼女の人生のほんの一部、あるいは断片に過ぎないのです。

そこで試されるのが、職員の専門性です。

世間には、介護は日常生活上のお世話のことだから、誰もが経験している普通のこと＝誰にで

もできること、よって専門性は必要なのか？という見方が根強く残っています。しかし、前出のNさんの現在の状況や、家族のお話、医療機関からの病気の症状や治療に関する情報、在宅生活の時にサービス提供していたヘルパーの記録などの情報から、今のNさんに必要な対応を検討する現場の職員は、次のような様々な事柄を理解し、実践できる能力が必要となります。

たとえば、一口に認知症といっても病気の種類によって症状や進行状況に違いがあることや、認知症には中核症状と周辺症状があり、その違いを具体的に理解し、対処方法や改善のための援助方法などを身につけなければなりません。また、身体介護については病理学や生理学などの医学知識や関節可動域といった人体工学・リハビリテーションの知識、実際の介護場面（移動・移乗・体位交換など）ではボディーメカニックスなどの原理やそれを活用した介護技術の実践が必要です。

併せて、対人援助時のコミュニケーションの様々な技術の修得と応用や、実行された援助の効果測定や分析・評価、そして次の課題や目標の設定とその実践方法の検討など、経験や勘だけではできないことばかりなのです。

福祉専門職の仕事には、福祉に関する基礎知識や人間理解、課題と向き合いながら生活するご本人や家族のつらさや苦しみ、悩みへの共感が不可欠です。その一方で、先ほどのように一見福祉とは縁遠いように見える他の専門分野の知識が意外に重要な役割を果たすのです。ですから介護は、様々な知識を駆使して、生活を科学することだと言えるでしょう。

◆もう始まっている、よき社会人への助走

施設で仕事をしている時、私の大切な仕事の一つは職員採用でした。なぜなら、優秀な職員を採用できるかどうかで、施設の仕事の良し悪しが決まるからです。これはどんな業界であろうと変わりはないと思います。しかし、施設というところは何をやるにせよ職員が動かなければ一つとして仕事は進まない業種です。ＩＴもメカも補助装置です。

私が勤めていた施設では、１８０名余り（正社員、パートを含めて）の職員が働いていました。法人（社会福祉法人）全体では、４つの施設を経営していて、職員総数は４００名を超えていました。毎年春の定期採用（新規学卒者中心）と一年を通して中途採用も行っていました。

採用試験の面接時に、応募者の多くは「人と関わる仕事、人の役に立つ仕事がしたいです…」と志望の動機を語ります。こうした気持ちをもっていることは、高齢者介護施設で仕事をするうえで大切なのは当然です。しかし、この志望動機を述べた人を全員採用するかというと、当然ＮＯです。みなさんは、採用と不採用との間にどんな違いがあると思いますか。ここでは、大学や専門学校で福祉や介護を学んだ学生の新卒採用を例に見てみましょう。

新卒採用は、Ｗｅｂエントリーや合同説明会・施設見学会・採用試験申し込み・筆記試験・面接試験と段取りを踏んでいきます。ここでは面接についてお話してみます。

面接時に、採用側が一番知りたいのは「あなたはどんな人？」なのです。面接官はいろいろな話題からあなたに質問を浴びせて来るでしょう。志望動機、法人（会社）についての予備知識、学生生活の様子、趣味、特技、最近読んだ本や見た映画といった具合です（個人面接の前に集団面接などがある場合は、その集団のなかでのポジショニングや役割行動を見ています）。

こうした話題のなかから、貴方がこれまでの家庭生活、学生生活などを通して、どんな生活観や価値観をもっているのか、いろいろな物事にどんな感性を発揮するのか、将来どんな人間に育っていきたいのかなどを必死で知ろうとしているのです。なぜなら、よき福祉専門職の人物像は、豊かな知識・感性・経験と人柄の4つのバランスだと言われるからです（私自身には、大変耳が痛い話ですが…）。そこで、面接官はあなたがどんな人かを一生懸命見定めようとするのです。もちろん、完成品を探そうとしているのではなく、「磨けば光る」かどうかを見極めようとしているのです。

「磨けば光る」に選ばれるために、今、みなさんは何をすべきでしょうか…。私は、学生生活のすべてのシーンが、よき社会人、よき専門職への助走であると考えています。

◆最後に、あえてひと言

ここまでは高齢者福祉、なかでも私の体験から高齢者介護施設を例に引きながらみなさんへのメッセージを書いてみました。

高齢者福祉の基本は関連する法律や制度、あるいは社会サービスとそのシステムが基本ですから、みなさんにはぜひともしっかり学習してもらいたいと思っています。

しかし、高齢者に関わる仕事やサービスは、あらゆる生活の場面に登場します。たとえば、住まい、移動・通信手段、消費生活、健康や医療、保険や金融、余暇活用など、そして果ては葬儀やお墓、仏壇まで様々な生活シーンで高齢者ならではの願いや悩み（ニーズ）が存在します。

次の豆知識にもあるように、今後はどんどん高齢者が増えていくわけですから、高齢者に使い勝手のよい商品やサービスの開発は社会全体としても必要ですし、各企業もこの市場（シルバー・マーケット）を無視して仕事は成り立たなくなるでしょう。

ですから、福祉専門職として直接高齢者と関わる仕事も大変重要ですが、それと同じように社会のあらゆる分野で、福祉を学び「高齢者に役に立ち、喜ばれるのはどんなことか」の基本を理解している人が増え、活躍することもとても重要だと思っています。

あえて言えば、すべての学生が福祉の基礎を学んだうえで社会に出るべきだ！　とさえ考えています。ですから、みなさんはよい選択をされたと思います。自分の可能性を信じ、自分が社会で役に立つとはどういうことかをしっかり考え、努力し行動すれば必ず未来が開けると思います。

◆知っておきたい！　高齢社会豆知識　Q＆A

Q１　日本で生まれると何歳まで生きられる？

A　男性　79．００歳　女性　85．８１歳

【解説】　２００６年統計の平均寿命を参考にしました。50年後（２０５５年）には、平均寿

命があと4.5歳延びるという推計もあります。

Q２　世界で最も寿命の短い国は？

A　ザンビア（アフリカ）　40．５歳

※ＵＮＤＰ、人間開発報告２００７／２００８

【解説】２００４年のＷＨＯの調査では、同じくアフリカのスワジランドで、35歳というデータもあります。

Q３　まだまだ伸びる日本の高齢化率―全人口に占める65歳以上人口の割合は？

A　２０２５年には、人口の３割が高齢者！（表参照）。

【解説】高齢化率は増加を続ける。２０５５年には40．６％との推計も…。しかし、人口は２００５年をピークに減少を続けます。

Q４　高齢化のスピードの国際比較―高齢化社会（高

表　日本の高齢化率の推移

西　暦	全人口	65歳以上人口	高齢化率	備考
1950年	84,115	4,155	4.9%	
1970年	104,665	7,393	7.1%	高齢化会社会に突入
1995年	125,570	18,261	14.5%	高齢社会に突入
2005年	127,768	25,672	20.1%	
2025年	119,270	36,354	30.5%	
2050年	95,152	37,641	39.6%	

単位：人口は千人

齢化率7％）到達から高齢社会（同14％）到達までの所要年数は？

A　第1位　日本（24年）　第2位　ドイツ（42年）　第3位　イギリス（46年）
第4位　アメリカ（69年）　第5位　スウェーデン（82年）　最長　フランス（114年）

【解説】日本はフランスの4．75倍の超ハイスピード。将来推計ではシンガポールは16年、韓国は17年で到達との予測。

Q5　要介護高齢者も増加の一途―何らかの支援や介護が必要と認定（介護保険制度での認定）されている高齢者は何人？

A　2008年4月現在、434万8千人（65歳以上人口の約16．5％）

【解説】434万8千人ってどのぐらいだろう？　都道府県別人口の10位の県の人口が397万人！　また、Q3の表の西暦年別の65歳以上人口に16．5％を掛けてみてください…。特に2050年をぜひ計算してみてください…。

Q6　拡大するシルバーマーケット―その費用は？

A　現在、介護保険制度で使われている費用は、約7兆円。この費用は、介護の必要な高齢者に制度で認められたサービス提供に直接費やされる金額です。周辺の様々なサービスなどの費用を含めると、もっと多くの資金が使われています。

【解説】ご存知「コンビニ」の業界規模（業界の年間売り上げの総額）が7兆8249億円（日経MJ2008年7月23日）。スーパーマーケット最大手のセブン&アイの年間売り上げは5兆8734億円。7兆円を介護事業の「年間売り上げ」だと考えると、全国のスーパーやコンビニより沢山の資金が動いているのですから、成長産業との見方も可能です。2025年には、現在の約7兆円が23~24兆円に増加との推計もあります。

Q7　労働市場としての福祉事業はこれからも成長する？
A　現在、高齢者福祉・介護分野で働く人は157万人（福祉分野全体は254万人）で、これも需要は拡大するばかり。
【解説】全産業の労働者数が、6598万人（2007年統計）といわれているから、全労働者の25.9人に1人は福祉分野で働いていることになります。

【参考文献・資料】
松浦尊麿『保健・医療・福祉の連携による包括的地域ケアの実践』金芳堂（2002年）
内閣府　平成20年版『高齢社会白書』（2008年）
福祉士養成講座編集委員会編『老人福祉論（第5版）』中央法規出版（2008年）
社会保障国民会議サービス保障分科会「医療・介護費用のシミュレーション」（2008年）

総務省統計局「平成19年就業構造基本調査」（２００８年）
日経会社プロフィール　２００８年２月決算

5 ささえ、ささえられる地域社会をめざして

明路咲子（めいじ さきこ）

担当科目
地域福祉論 コミュニティーワーク 社会福祉入門 災害と流通

◆Nちゃん・Sさんとの出会い

私は、自分が社会福祉に関わることになったきっかけを考える時、（ある種の感慨と多少の後ろめたさというか後悔が入り混じった）妙な気持ちにとらわれます。

大学受験の時、あまり勉強もしていなかった私は、深い考えもなく先生に進められるままに地元大学の教育学部を選び入学しました。教員が私にあっているかという適性も考えず、また後に社会福祉に関わることになるなど夢にも思わず、今にして思えばいい加減な自己決定でした。

教育学部を卒業後、私は小学校の教員に採用されました。私にとって、小学生との関わりを通して、「人」を相手とする仕事を教えてもらった最初の職場でした。もうずいぶん昔のことです。小学校も今のように、いじめや不登校、学級崩壊など、少なくとも私の勤めた小学校にはなく、全体的に牧歌的な雰囲気を残していました。ましてモンスターペアレントというような厄介な存在はなく、学校を出たばかりの1年生先生は、生徒や先輩の先生方、親御さんたちに囲まれて、一生懸命楽しく教師業に努めました。

はじめての担任は2年生です。4月、新米の私がドキドキしながら教室に行くと、子どもたちはみんな1年生から進級したばかりで、少しえらくなったような顔をしていっせいに私の顔を見ていました。みんなの目がキラキラしていたことを思い出します。私が教壇に立って話し始める前に、Nちゃんがさっそく「せんせい。あのな…Nちゃんな…」と自分のことを報告にきました。その後Nちゃんのおしゃべりは、おかあちゃんのこと、家の商売のこと、友達のこと、先生のことと毎日のように続きました。ハンディキャップをもつ子どもとの最初の出会いでした。ダウン症のNちゃんは明るくおしゃべりで、すこし顔をななめに傾けて話すしぐさが可愛い子で、今でもハッキリその表情と少しかん高い声を思い出し、「どうしているかなぁ」と懐かしくなります。それから2年後、私は短い教員生活を終えました。

中学校時代のSさんも、私のなかで時折思い出す人です。3年生の時同じクラスだったSさんは、家庭が貧しく、洋服はいつも黒く汚れてすえた匂いがしていました。クラスのなかでSさんは疎外されていて、隣の席はいつも私でした。ですから、クラスのなかで少しだけでもSさんに声をかけたり話をするのは私だったのです。性分としていじめだとか人に冷たくするとかはできず、見て見ぬふりができないところがあったようです（単に気が弱いだけかもしれません）。卒業式の数日後、Sさんが私の家を訪ねてきました。どこかの工場でミシン仕事をすること、私には高校でもがんばってほしいというような言葉を残して帰っていきました。Sさんともそれきりになってしまいました。

Nちゃんも Sさんも、その後どうしているのかと、私のなかに棘のようにひっかかるものがあります。

◆第二の職場―社会福祉協議会（社協）

小学校を2年という短い期間で退職した理由は、学生時代に果たせなかった図書館司書の資格にチャレンジするためでした。私は子どもの頃から読書が好きで、また図書館の雰囲気が好きで、小学校の頃から図書館をよく利用していました。そして、いつの頃からか、図書館で本に囲まれた司書の仕事をしたいと思うようになったのです。しかし、学生時代の4年間はクラブの活動に夢中になっていました。マンドリンという弦楽器に出会い、その楽器を弾く楽しさ、みんなと合奏する醍醐味、活動を通して培われた人間関係、友人との交流など、大学時代はクラブ活動に明け暮れていました。勉学もそれなりにやったつもりですが、教員免許以外の資格取得にまで手が回らなかったのです。小学校退職後、桃山学院大学の夜間コースに通学し司書の資格を取得することができました。

人生とは不思議なもので、大学時代はクラブ活動にのめりこんだがために資格を取り損ねたのに、その司書資格を活かせる職場（しかも私に大きな影響を与えた職場）を紹介してくれたのも、学生時代のクラブの友人だったのです。思えば、マンドリンは私の人生を大きく左右することになりました。今もクラブのＯＢ・ＯＧでアンサンブルを結成し、月２回の例会、コンサートの開催、旅行など、マンドリン仲間との楽しい付き合いは続いています。

私の第二の職場となったのは兵庫県社会福祉協議会で、資料室の司書として採用されました。私の社会福祉の仕事への第一歩です。当時の都道府県社会福祉協議会が社会福祉の専門資料室（後の社会福祉情報センター）を備え、司書資格をもつ職員を採用するということは画期的なことで、全国でも非常に先進的なことでした。正直いって私は社会福祉に関心があったのではなく、また希望していた公立図書館ではないことに多少のこだわりはあったものの、司書の資格を活かせることに大満足でした。ただ、その時、職場となる「社会福祉協議会」について両親にきちんと説明できずに困ったことを思い出します。今でこそ、社会福祉協議会は福祉業界でメジャーな存在になっていますが、当時、私の周辺では誰も知らなかったというのが実態です。

さて、当時の資料室の蔵書が社会福祉関連の図書１万５千点というのもすごいことでしたが、戦前の社会事業に関する資料や社協設立に関わる資料、逐一取り寄せていた研究報告書、調査報告書、業務説明書、雑誌・機関紙等2万余点は、社会福祉の専門図書館としては類を見ないものだったと思います。私はその資料室で、図書や資料の収集・整理や管理、その活用方法を考える仕事をしました。この仕事は壮大な計画と人手を必要としましたが、社会福祉を学んでいなかった私は、手探りで整理方法を考え工夫し、この貴重な財産をどう活用してもらえるかばかり考えて仕事をしていました。大変時間と根気の要ることでしたが、好きな仕事だったので楽しく過ごすことができました。

加えて、社会福祉についてまったくの素人であった私が、社会福祉の図書や資料の整理を通して独学できた貴重な時期となりました。社会福祉の図書や資料を整理するためには、また活用の方途を考えるためには、社会福祉の知識体系、動向を把握しておくことが必要となります。私は司書の仕事をしながら社会福祉の勉強もさせてもらったということでしょうか。勉強するには十分すぎる材料が整っていたのですから。

しかし、司書としての仕事がずっと続いたわけではありません。私は、書物に囲まれて仕事がしたいだけ、定年までこつこつ資料整理ができればそれに勝る喜びはないと思っていたのですが、社協という組織の一員としてはいつまでもそうはいかず、泣く泣く他のセクションに異動することになりました。

社会福祉は、あたり前のことですが活字（書物）からだけでは学べない、つまり実践から学ぶことが大切です。「社協は地域福祉を進めていく中核的な組織」でありながら、県社協の資料室では地域福祉の実践現場（市町村社協）からは距離がありました。異動先のセクションでは、資料室とは違って地域福祉の現場とも近くなり、資料室では経験しにくい地域福祉の実践現場との関わりができました。私にとって結果的には、他のセクション（研修、地域福祉、権利擁護など）への異動が、本当の意味で地域福祉を学ぶきっかけとなったのです。

◆地域福祉とは？

さて、前置きが長くなりました。県社協で学んだ地域福祉のお話をしましょう。

「地域福祉とは何か？」は難問です。地域福祉を目に見えるものにするのは大変難しいことですが、シンプルにいえば「障害をもっても、年をとっても、生活上の様々な課題を抱えても、住み慣れた地域の住み慣れたわが家で暮らし続けることをささえる福祉」と言っていいでしょう。

高齢者、障害者、子ども、仕事をなくした人々など、私たちが暮らす地域には生きづらさを抱える人々がたくさんいます。認知症の奥さんの介護をしながら生活している80歳近いご主人、脳性まひの息子を一人で世話をしながら暮らしている年老いた父親、週に1回ヘルパーさんが来る以外は、誰とも行き来がなく閉じこもっている一人暮らしのおばあさんなどなどです。

地域福祉は、このように生きづらさや暮らしづらさを抱えたとしても、家族に大きな負担をかけることなく、住みなれた地域でこれまで通り安心して暮らし続けることをささえる福祉です。

そして地域福祉の特徴は、こんな暮らしづらさをその人だけのことに終わらせるのではなく、また行政（国や地方自治体など）任せにするのではなく、地域で暮らす住民自身が問題に関心をもって地域全体で改善し、解決していこうとする考え方や方法にあります。障害者のための福祉、高齢者のための福祉、子どものための福祉というように、社会福祉を縦割りに考えるのではなく、生きづらさをもって生活する人たちを含めてすべての人々が、安心して暮らせる地域の仕組みづくり（まちづくり）をめざしています。

もう少し具体的に見ていきましょう。地域社会には行政サービスだけでは改善や解決ができない問題も、ご近所の住民たちによる、気配り、見守り、ちょっとした助け合い・手助けによって、住み慣れた地域で暮らし続けることが可能になります。それとなく見守ること、一声かけることなど簡単な活動から、話し相手をするボランティア、食事を届けるボランティア、外出を介助するボランティアなど住民同士で気軽にできるボランティア活動はたくさんあります。

地域福祉の目標は、このように人々がつながり、ささえあう「まちづくり」なのです。そのゴールである「福祉コミュニティ」は、私たち、つまりその地域で暮らしている住民が主体的に参加をし、活動するところがきわだった特徴です。住民が様々な形で参加し、活動し、地域を暮らしやすくする力を「地域の福祉力」といいますが、福祉力は住民のつながりとささえあいによって培われ、高められていきます。

住民同士のつながりやささえあいの効果（福祉力）がもっとも発揮されるのは、緊急時です。ある豪雨の被災地の行政職員は「痛感したのは住民力の大切さだ。被災時は住民やボランティアの協力が大切で、行政は住民と日頃、互いに顔が見える関係を保つことがいかに重要かがわかった」というのです。これは、14年前の阪神・淡路大震災でも私たちが体験し、教訓として学びとったことでした。互いに顔が見える関係とは、つながり合う関係でもあるのです。

神戸市長田区のM地区のように、高齢者や障害者など日常的に支援が必要な人たちに対する支援活動の仕組みが、災害などの緊急時に実効力をもつことも当時の被災地の住民活動から学びました。つまり、生きづらさを抱えている社会的弱者を日頃から守れる仕組みができているかどうかが、緊急時の救援や復興を左右することが検証されました。あそこの角の家に80歳のおじいさんが独りで暮らしている、このアパートの住人の多くがお年寄りだ、最近2軒隣のマンションの1階に車椅子の障害者が引越してきたなど、近隣の人たちの顔がよく見える、そしてそっと見守ったり、困った時やいざという時に助け合える、つながりができている関係の重要性をあらためて学んだのです。

しかし、その難しさも思わないわけにはいきません。地域のつながりが薄れ、再構築の必要性がいわれてもうずいぶん久しくなります。様々な人々の生活の場である地域には、様々な利害も依然存在していますし、いっそう複雑化してもいます。それらを乗り越えて、誰もが安心して暮らせる「福祉コミュニティ」をめざすには、住民一人ひとりの意識や行動が大切です。関心をもって関わっていくことが求められているのです。

◆地域に目を向けることから地域福祉は始まる

ですから、地域福祉の授業では、まず地域福祉の舞台である地域に関心をもつことを求めます。自分たちが暮らしている地域について関心をもつこと、目を向けていることが、地域で発生している様々な生活課題に気づき、その解決策について考えることにつながっていくからです。私は地域福祉の授業で、学生に自分が暮らしている地域についての簡単なアンケートをすることがあります。どんな人が住んでいるか知っていますか？　近所のひとと挨拶しますか？　話をしますか？　気になる人がいますか？　どんな社会資源がありますか？　地域の祭りに参加しますか？　などなどです。

「近所に気になる人はいますか？」の問いに対して次のような答えが返ってきます。つまり、地域のなかに生きづらさや悩み、困難を抱えている他者に対する関心です。

- 毎朝、知的障害者の息子を連れた高齢の母親を見る。高齢の母親が亡くなると息子さんはどうやって暮らしていくのだろう。
- バイトしている飲食店に毎日のように独りで食べにくるおじいちゃんがいる。いかにも独り暮らしっぽくて、体調もすぐれないような感じなので、家でどんな暮らしをしているのか気になる。
- 同じマンションできっと寝たきりだと思うのだが、窓側でいつも寝ている（らしい）おばあさんがいる。高齢のおじいさんが世話しているようだ。

- 知的障害のある同級生が近くにいる。道で小学生にからかわれたりするので気になっている。
- 朝から晩まで散歩しているおばあさんがいる。

これらはほんの一部ですが、みなさん気になる人々を見ています。

前金沢大学付属病院長の河崎和夫先生は「医学生へ—医学を選んだ君に問う」（朝日新聞：平成14年4月16日）で医師を志す学生に「医学生は授業をさぼることはゆるされない。知識不足のまま患者を死なすからだ」「『よく学びよく学び』しかない」と厳しいメッセージを伝えました。医師は人の命に関わる仕事だからです。社会福祉の仕事も人々の日々の生活、さらには生死を左右する仕事ですから、社会福祉を志すみなさんも同じだと思います。そして、福祉問題は生活問題ですから、生活の場である地域に関心をもつことが大切です。

地域の様々な問題を抱える人々に目を向けること、無関心にならないこと、無関心を装わないこと、見過ごさない努力が大切です。

◆地域福祉の原点—困った時はお互い様

平成7（1995）年1月17日未明に起きた阪神・淡路大震災は、戦後最大の大惨事となりましたが、また一方でボランティア元年といわれるほどたくさんのボランティアが被災地の人々のために活動しました。私も被災者の一人として避難所や仮住まいをした地域で多くの援助を受けました。震災から4日目のこと、芦屋の避難所から王子公園西の職場まで徒歩で通勤途中、バイクで職場まで乗せてくれた青年がいました。見ず知らずの人です。

どこかに「自分は援助をする側の仕事を担っている」、当時はそんな使命感のようなものに後押しされて過ごしていたように思いますが、人の温かさにふれたその時には、思いがけず被災者となった自分に気づき、見ず知らずの人から援助を受けているのだという奇妙な感情にとらわれました。同時に、見通しの立たないわが身や無残に壊れてしまった街への悄然《しょうぜん》とした思いも、人々の温かさによって再起への希望に変えることができました。

職場に着いてお礼を言うと、その青年は「困った時はお互い様ですよ」と言って去っていったのです。その後、何回となくこの「困った時はお互い様ですよ」の言葉を添えた援助を受けました。いまこうして平穏な生活を取り戻しているのも、多くの人のお世話、親切、支援のおかげです。なぜ、人々はこのような援助活動に参加するのでしょう。なぜ「人を援助する」ことに関わっていくのでしょう。

このような「人が人を援助する」形を、高木修先生（関西大学社会学部）は、①他者にお金を寄付したり、時間や労力を提供するなど寄付・奉仕行動　②自分の貴重な持ち物を必要とする他者に分け与えたり、貸し与えるなど分与・貸与行動　③緊急時に他者を救助するため、危険を覚悟でその事態に介入するなど救助行動　④身体的努力を提供して、それを必要としている他者を助ける　⑤親からはぐれた子どもを世話したり、拾得物を持ち主に届けたり、送り返す　⑥高齢者や障害者、子どもなど社会的にハンディをもつ人々に対する援助行動　⑦ちょっとした思いやりや親切心から人助けをするという類の小さな親切行動の7点に整理しています。

各地で実践されている地域福祉活動は、人々のなかにあるこのような心の現われだと考えられます。このような援助する行為には、程度の差こそあれ労力や時間、金銭など何がしかの自己犠牲が伴います。それなのになぜ人は人を助ける行為をするのでしょう。援助をする行動には新しい価値観や人間関係の創出があり、自身の成長につながっていくことを人々は計算づくではなく学んでいるのでしょう。「困った時はお互い様」であり、「情けは人のためならず」を実感しているのだと思います。

私は互酬・互助という言葉を、この「困った時はお互い様」という意味に理解することにしました。たとえ人を助ける行動には自己犠牲を伴ったとしても、人はそれに対して何か報酬を求めるのではありません。「いつか自分も人に助けてもらう時が来るかもしれない」、また「人から受けた親切は、いつか何かの形で社会にお返ししよう」という気持ちで援助する側、される側に立てばいいのではないでしょうか。

「援助を受ける＝他人に迷惑をかけること＝恥ずかしいこと」とする周辺の偏見や、当事者サイドの意識がまだ残っています。日常生活が普通にできなくなるなどの困りごとにもＳＯＳのシグナルを遠慮せずに出せる地域の環境が必要です。「困った時はお互い様」は「ささえ、ささえられる」ということでしょうか。

「援助を受ける＝他人に迷惑をかけること＝恥ずかしいこと」を「ささえて生きる」「ささえ

られて生きる」意識に変えていきたいものです。

いつかどこかで誰かをささえ、またいつかどこかで誰かにささえられることをあたり前にすることが地域福祉です。

◆おわりに

私の社会福祉への関わりは強い意思から始まったものではありません。しかし、偶然にもめぐりあった地域福祉は、私の人生の大半の仕事となりました。私たちが年をとっても、障害をもっても、どんな状況になっても住み慣れた地域で暮らし続けることをささえる「いとなみ」である地域福祉が、私たちのなかにしっかりと根づいていくことを願っています。

簡単なことではありませんが、じっくり構えて取り組むことによって、味わい深く、またその可能性に期待できる分野であると考えています。

あのNちゃんもSさんも、どんな人々も地域社会のなかで排除されることなく、その人らしく暮らし続けることができるコミュニティをどう形成していくのか、私たちはそのために何をすればよいのかについて、社会福祉をめざそうとしているみなさんと一緒に、考えていきたいと思っています。

6 なぜ、私たちは困っている人を助けるのか

宮川数君（みやかわ かずきみ）

担当科目
社会福祉援助技術総論 社会福祉援助技術論Ⅰ・Ⅱ 社会福祉入門

◆「アリとキリギリス」の話

助けを必要としているお年寄りや車椅子に乗っている人を助けることに疑問をもつ人はほとんどいないでしょう。それでは、若い時から遊び暮らし、仕事もいい加減にし、その結果、家族とも別れ、また職を失ったいわゆる身勝手な人生を送ってきた男性が、60歳を過ぎ病がちとなり、いよいよ生活が立ちゆかなくなってしまったとします。彼は、困り果てて生活保護の申請のために福祉事務所を訪ね援助を求めました。さて、社会福祉制度によって、彼を助けるべきでしょうか。それとも、自らいい加減な生活をしてきたのだから、今さら援助を求めるのは、虫がよすぎ

ると考えるのでしょうか。

ヨーロッパのイソップ童話に「アリとキリギリス」というよく知られた話があります。読者のみなさんも知っていると思いますが、簡単に紹介しておきます。アリは夏の暑い日に汗を流しながら、一生懸命に働き、自分たちの巣に食物を蓄えます。一方、キリギリスは一日中仲間と歌いながら毎日を楽しく送っていました。さて、冬が来て、周りには食べ物がなくなってきました。キリギリスは飢えと寒さに震えます。アリの家を見ると、そこでは暖を取りながらアリたちはのんびりと生活していました。キリギリスは「アリさん、アリさん、腹ぺこだから私にも少し食べ物を分けてください」と頼みました。しかし、アリは「キリギリスさんは、夏にあのように楽しく唄っていたのだから、これからも唄っていたらよいじゃないですか」と追い返し、キリギリスは飢えと寒さで死んでしまうという話です。

キリギリスを追い返すこの寓話は、自立と努力、自己責任の大切さを教えているといわれています。私たちの社会は競争社会ですから、当然、自己責任が強調されます。すべての人は自立のために努力すべきであるというのは当然のことです。それではみなさんは、「アリとキリギリス」をどのように考えるのでしょうか。このキリギリスを助けるべきだと考えるのでしょうか。それとも、この物語のアリのようにキリギリスを追い返すべきだと考えるのでしょうか。

おもしろいことに、アリとキリギリスの結論部分はヨーロッパと日本では少し変わっているものもあるようです。日本では、仏教思想の影響で、アリは慈悲の心からキリギリスに食べ物を施す話に変えられたものもあるようです。むろん原作通り、キリギリスが追い返されてしまう話も伝わっています。また、最近の幼稚園の紙芝居では、可哀想なキリギリスを助ける優しいアリの話にすり替えられているものもあるようです。ここまでくると無理矢理優しさを押しつけられているようで違和感を覚えますが…。怠惰なキリギリスを助けるように変えられた「アリとキリギリス」の話は世界中で日本だけだとも言われています。

私たちの社会福祉の考え方においても、自立と努力、そして自己責任は基本的価値として強調されています。人間はそれぞれが独立した人格をもち、自分らしい生き方を実現することが最も望ましいものであると考えるとすれば、自立や努力、自己責任は私たちの社会の最も基本的な価値であり、社会福祉においても、それは目標となっています。

他方で、社会福祉では、人間はどのよな状況にあっても、人間としての誇りと尊厳を保つことのできる生活が確保されなければならないと考えます。そして、人間としての誇りと尊厳が確保されるような生活のなかで、初めて、自立であるとか努力であるとか自己責任といった言葉が意味をもってくると考えます。人間らしさが破壊されるような絶望的な状況に人間が置かれた時には、人間らしく成長したいとか、もっと幸せになりたいといった基本的な欲求すらも人間から失せてしまいます。ただひたすら、その時々で、空腹を満たし眠るといったことだけを求めることになります。このような状況に置かれた時、何かに耐えて努力するとか自己責任といった言葉にどれほどの意味があるでしょうか。

このような考え方に立てば、凍え飢えたキリギリスを助けるべきであるという考え方もありえるのです。

◆社会福祉の人間観

「アリとキリギリス」の話から、一般の競争社会の考え方とは異なる社会福祉的な考え方について述べてきましたが、このような考え方が出てくる背景としての、社会福祉の人間観について、もう少し掘り下げて述べてみたいと思います。社会福祉の価値や人間観で最もよく紹介される一つに、ブトゥリム(Z.Butrym)の人間観があります。これに沿って考えてみましょう。ブトゥリムは次の三つのものを人間の本質的なものであると述べています。

① 人間尊重 ② 人間の社会性 ③ 変化の可能性

この三つです。

◆人間尊重

ブトゥリムは「(人間が尊重に値するのは)人間のもって生まれた価値によるもので、その人が実際に何ができるかとか、どのような行動をするかとは関係が無い」[1)]と述べています。

私たちの社会では多くの場合、勉強のできない人よりできる人が、多くの仕事ができる人はできない人より、価値があるとみなされるのが普通です。そして、その価値に応じて、高い賃金等が払われます。これが、私たちの社会の普通の考え方であり、資本主義社会という競争社会の考え方です。ここにおいては、人々の価値はその人のもつ生産性または効率性によって序列づけられています。しかし、このような「何かができること」を尺度とする社会の価値の基準のなかでは、価値がないとみなされ社会の周辺に追いやられる人が出てきます。たとえば、しばしば障害者や高齢者がそのように位置づけされてきました。そして社会福祉がこれらの人々を守ってきました。それではなぜ、社会福祉はこれらの人々を守ってきたのでしょうか。

母親が能力のある子どもを誇りとしながら、そうでない無力な子どもに対しても愛情を注いできたように、私たちの社会の歴史を見ると、「何かができること」の価値が大事にされる一方、同時に、それとは全く反対ともいえる「存在」それ自体に価値があるともしてきました。この「存在」それ自体の価値は、人間の「いのち」自体の価値とも言えます。この価値が、その人が何かができることとは関係がありません。そして、社会福祉の拠り所とする価値です。ここにおいては、何かできる人も、そうでない人も、人間としての同等の価値があると考えるのです。

私たちが、いわゆる弱者を助けるのは単に可哀想だからではありません。彼らは価値があり、当然人間として輝くべきであると考えるからです。

人間尊重という価値は、私たちに次のことを命じてきます。誰もが、価値ある人間として大切に扱われるべきである、したがって、その生活は人間としての誇りを保てることのできるものでなければならない。そして、また、その生活は優しさや他者に対する思いやりなどの人間的感情が育つことのできるものでなければならない、と命じてきます。

　昨今の競争がもてはやされる経済社会のなかで、人間的な誇りが大きく傷つけられた若者たちが散見できるような気がします。彼らのなかから、東京・秋葉原の自暴自棄的な無差別通り魔事件が生まれてきているのではないでしょうか。「怠惰が貧困を生む」というのは私たちの一般の考え方でしょう。すなわち、「貧困の原因は怠惰である」という常識的な言葉です。他方、日本の諺《ことわざ》には「貧すれば鈍す」というのがあります。貧しさが怠惰や荒んだ心や無気力をつくり出すという意味です。

　社会福祉の人間観はこの後者「貧すれば鈍す」にあるといってよいでしょう。ですから、その人自身の力では解決しえない貧困や生活の不安は、社会が責任をもって解消しなければならないのです。そして、本来の尊厳ある人間らしさが保たれ表現されるべきであると考えるのです。アリとキリギリスのところで述べた、自己責任や努力という言葉は、ここにきて初めて意味をもつものです。自己責任や努力を強調して、彼らを貧しさやその他の非人間的な状況に追いやっているとすれば、それはとても反福祉的なことであると言わなければなりません。

◆人間の社会性

　人間の社会性についてブトゥリムは次のように述べています。「(それは) 人間はそれぞれに独自性をもった生きものであるが、その独自性を貫徹するのに、他者に依存する存在であることをさしている」[2)]と。やや難しい言い回しでしたが、人間の自己実現が、孤立してあるのではなく、社会を構成している人々との相互依存のなかでのみ可能であることをブトゥリムは言っています。

「依存」という言葉は「甘え」のように否定的に用いられることの多い言葉ですが、ここでは少し違う意味で用いられています。また、ここでの「依存」は、「自立」とは矛盾していません。精神的に健康で自立した人の社会生活は多くの友人や組織、また制度に依存し支えられています。私たちは困った時に友人や家族に助けを求めます。この助けを適切に求めることのできる人が社会的に健康な人でもあります。ところが、社会的に不健康な人は、この助けを適切に求めることができないことが多いのです。求め方が下手であったり、周りに助けてくれるような隣人等がいなかったりするために、必要な時に必要な助けを求めることができません。また、社会的弱者と言われる人々のなかには、通常の社会的サポートネットワークから漏れ落ちて孤立している人々が多いのです。彼らは適切な依存の関係が断ち切られ、孤立の危機にさらされがちです。

最近のテレビニュースなどで、実の親による痛ましい幼児の虐待事件がしばしば報道されます。これらの事件には共通点があります。母親・父親の精神的な未熟さと育児ストレス、そして貧困と社会的孤立です。当然のことですが、彼らの多くは虐待が正しくないことを知っています。しかし日々の荒んだ生活とストレスから来る自分の攻撃性を、自分ではコントロールできなくなっているのですが、それを止めるために、誰かに助けを求めるすべを知らないのです。育児ストレスが重なる時、親が子どもに憎しみを抱くことは珍しことではありません。そして、精神的に未熟な親も珍しくはありません。若い夫婦が貧しいのも珍しくはありません。この意味で、虐待の可能性はどこにでもあります。ただ、実際に事件になってしまう親たちと異なるのは、親が育児で疲れた時、助けを求めることができること、そのための家族や友人その他のネットワークが身近にあることです。すなわち、自分の子どもを虐待してしまう可能性は、若い親であれば、誰にでもありうるのですが、実際に虐待してしまう親との差は、その時に、誰かに相談したり育児を手伝ってもらったりといった、適切に助けを求めることができるか否かの差だけなのです。必要な助けを求めながら生きることは、健康なことなのです。

社会福祉では、必要な援助を適切に求めることをアクセスビリティ（援助を求める力）と呼び、それはその人の社会的能力であると考えています。他者に必要な助けを求めることは決してその人の弱さではありません。むしろ、社会的に健康な人は、適切に助けを求める能力とそのために必要な隣人や情報をもっている人です。むろん、自分でできるにもかかわらず、他者の助けを求めることは「甘え」と呼ばれます。それは、ここでいう助けを求める能力とは全く異なることです。

◆変化の可能性

変化の可能性についてブトゥリムは、「ソーシャルワーク実践の第三の価値の前提は、人間の変化、成長および向上の可能性に対する信念から生じている」[3)]と述べています。これは通常「自己実現の欲求」と呼ばれてきたものを意味しています。

人間の行動は自己実現の欲求にしたがっているとわれわれは考えています。それは「幸せになろうとする力」と呼んでもよいものです。しかし、自己実現の欲求は、その結果が必ずしも幸福な結果を生むとは限りません。

自己実現の欲求を木の成長にたとえてみましょう。いろいろな種類の木がありますが、楓や松の木のように空に向かって上に伸びる木をここでは考えてみます。この木は穏やかな気候のもとではすくすくと空に向かって伸び枝葉を広げます。これは、この木が本来的にもつ性質です。人間で言えば、それは空腹を満たすことからはじまり、愛されたい、尊敬されたいといったような高次のものに向かっての成長にあたります。心理学ではこれを自己実現の欲求と呼びます。本来、上に向かって伸びる性格をもった木も、いつも強風の吹く海岸縁では、その木は横に倒れ地をはうように伸びていきます。強風の吹きすさぶ海岸縁に立つ木が、もし、周りを囲んでくれる仲間の木も無いところで、無理に空を向いて伸び枝葉を広げたならば、その木は倒れるか折れてしまうでしょう。はうように伸びたこの木は、歪んで伸びたといってよいかもしれませんが、この木も空に向かう木と全く同じ成長のルールにしたがって伸びているのです。

この木と同じ原則が人間にも当てはまります。たとえば、家族や友人などとの適切な関係から疎外された少年が、その孤独を癒すために、同じような少年たちの集まりに近づき、その仲間になっていくのも、この自己実現の結果です。彼らが「不良集団」と社会から白い目で見られることになっても、やはり、それは自己実現の欲求であり、普通の少年たちと全く同様の幸せになろうとする力の結果なのです。彼らは、不良になりたかったのではなく、普通の少年たちと同様に、寂しくて友だちが欲しかっただけなのです。これは、極めてまともな欲求ではありませんか。これは、悲しい自己実現といえるかもしれません。

ブトゥリムの「変化の可能性」が敢《あ》えて、「変化」を強調しているのはなぜでしょうか。また木のたとえで考えてみましょう。地をはうように育った海岸の木が、もし、周りの状況が変わり、穏やかな風の吹く状況に置かれたのならば、新しく芽吹く枝は、空を向いて育ち始めることでしょう。これまでの歪んだ木の根元や幹の部分はそのまま残りますが、木の先端からは空に向かって伸びる若い芽が育ち始めるのです。まさにこれは自己実現の欲求のもつ「変化の可能性」と言えるでしょう。

人間にもこの木の成長の原則があてはまります。ただし、人間の場合はもう少し複雑です。まず、その人を取り巻く状況も、この木のたとえのように、突然に穏やかな環境に変わることは極めて希なことでしょう。また、その人間自身の内部の変化の問題も残ります。仮に周りが穏やかな環境に変わったとしても、これまで自分を裏切ってきた環境の変化を素直に受け入れることができるでしょうか。この間まで、彼を冷たい目で見てきた周りの人々が、穏やかな目に変わったとしても、その本人はにわかに信じがたいことでしょう。また、変化のためには時間も必要です。彼が新しく変わろうとしている時に、周りの人々は、時間をかけて意地悪な目をしないで彼を見守り続けることはできるでしょうか。これらのことは、大きく歪んでしまった人生を変えるのは容易ではないことを意味しています。これらは、「変化の可能性」に対する抵抗と呼んでもよいことです。そして、人間の人生には大なり小なり、この抵抗は不可避とも言えるものです。

しかし、難しいことではありますが、「変化の可能性」が消えてしまったわけではありません。その人間が、生きている限り、自己実現の欲求、幸せになろうとする力は働き続けるのです。すなわち、彼の過去がどのように歪んだものであったとしても、彼に適切な環境、適切なサポート、適切な励ましがあれば、彼は同じ自己実現の欲求の結果として、自分を傷つけるような成長から、自分をもっと大切にした幸福な自己実現へと変化し成長をしていく可能性も同時にもっていることを意味しています。このことは、いかなる人においても、人生のやり直しがきくものであり、このことを信じて、ソーシャルワーカーは活動しているのです。ソーシャルワーカーは、その人のよりよい自己実現が可能になるような環境を整備し、また彼らを励まそうとしています。

【註】

1) Z．T．ブトゥリム著・川田誉音訳『ソーシャルワークとは何か―その本質と機能』川島書店（1986年）55頁

2) 同掲書 61頁

3) 同掲書 63頁

7

介護の意味、それは単なる「お世話」ではない

上田照子（うえだ　てるこ）

担当科目
社会福祉調査 介護概論 社会福祉入門

◆これまで私がやってきたこと

この章では、福祉を学ぶみなさんに知っておいていただきたい、わが国における介護の現状と、今そこで何が求められるのかについて述べていきます。その前に、まず現在の仕事に就くまでに私がやってきたことについて少し紹介をしたいと思います。

もともと私は薬学部の出身です。というと、みなさんはなぜ私が福祉の学科にいるのか不思議に思われるでしょう。大学を卒業してすぐ製薬会社に就職しましたが、その年の末に退職し、翌年4月に医科大学に就職しました。公衆衛生学講座という研究室でしたが、当時キノホルムとい

う薬の害によって起こった病気（スモン病：亜急性・脊髄・視神経・抹消神経障害：subacutemyelo-optico-neuropathyの略称）に苦しむ人たちの援護対策推進のための研究が、その講座の当時のテーマであり、薬学部卒ということで採用されました。

公衆衛生学とは、健康を社会という目を通して考え改善していく応用医学の一分野です（社会医学）。患者個人の疾病を治療する（臨床医学）のではなく、集団の疾病を予防し、心身の健康維持を図ることを目的とします。健康な人が病気にならないように、あるいは今ある状態を悪化させないように、予防という視点で人の健康をとらえる学問です。社会福祉も突き詰めていけば、人々が幸せに健康的に生きることをめざしているので、究極の目的は同じところにあると考えられます。

この、公衆衛生学講座に入った当初の仕事で記憶に残っているのが、スモン病の多くの患者さんの家を教授についてテープレコーダーを提げて訪問調査をしたことです。全国の患者さんを対象にしたアンケート調査にも関わりました。患者さんやその家族が抱えている苦痛や苦労、生活被害の実態を明らかにしていく調査研究の助手として、多くの患者さんから様々な苦労について聞かせていただきましたが、「1分でいいから死ぬまでにこのしびれから開放されたい」と言っておられたことを今でもよく覚えています。また、「街を歩いているときに、子ども連れのお母さんが無様な格好で歩いている私のほうを見ながら、悪いことしたらああなるんやでと子どもをたしなめているのを聞いて泣きました。私は何も悪いことしてへんのに」と悔しそうに涙を流した方もいました。スモンのような薬害のほか、「水俣病」や「イタイイタイ病」、「四日市ぜんそく」といった公害による健康被害も日本の高度成長期後半にあちこちで起こりました。なかには、当初その病気の原因がわからず周辺から奇病と言われ、次々と患者が発生するなかで、伝染病の疑いをもたれ村八分にされたりして自殺に追いやられた人もたくさんいました。自分に何の非もない人たちが受けた被害は相当なものでした。

スモンの調査ののち、タクシー運転手や美容師、化学工場の作業者、殺虫剤を散布する防疫作業者等の調査もしました。これらは作業環境の調査や作業者の血液や尿の分析であったり、質問紙による調査でした。公衆衛生学講座での後半は、高齢者の生活や介護に関する研究が中心となりました。寝たきり高齢者や一人暮らし高齢者を対象にした調査、要介護の高齢者の家族の介護負担や虐待の調査、おむつセンサーの使用実態と効用の調査、高齢者施設職員の労働環境と心身の負担の調査など、多くの調査研究活動を通して介護というものに関わってきました。

平成13（2001）年に本学の医療福祉サービス学科に異動するまで、長い期間様々なフィールドで公衆衛生学を実践してきました。これらが今の私の教育や研究活動に通じています。

◆介護とは、介護は誰もの身近な問題

社会福祉士をめざしている学生さんにとっては、なぜ介護を学ぶ必要があるのかという疑問があるかもしれませんが、福祉の援助を必要とする人たちのなかには介護を必要とする人がたくさ

んおられるからであり、介護を通してその利用者に接することにより、より深い利用者の理解につながるからです。ソーシャルワーカーとして介護施設に就職しても、まずケアワークの仕事から入ることが多いのはこのためです。

介護は、高齢者や障害者など生活をしていくうえで何らかの支障があって一人ではできない部分を援助する行為や活動を言いますが、ここでは高齢者における介護問題を中心に述べていきます。

では、まず介護とは何かについて考えていきましょう。

「介護」の「介」という文字は象形文字で、鎧を形どったものであると言われています。また、両手で人を支えている文字でもあります。「介」には心にかける、気にかける、仲立ちをするというような意味があり、「護」は守る、かばう、助けるというような意味があります。ですから、介護は人を気にかけて守る、言い換えれば支えて生活を守ることということになります。

では、どのような人が介護の対象になるのでしょうか。障害者や高齢者などで身の回りのことが一人ではできない人などがその対象になります。一時的に病気やけがで介護が必要になる場合もあるでしょう。このような支障がある部分を補い支援する行為、活動が介護ということになります。ただし、この人たちを単に介護が必要な人と考えるのではなく、生活の主体者であるということを忘れてはなりません。

また、介護というと食事や排泄、入浴の介助を思い浮かべますが、食事や排泄、入浴の介助を通して、その人の生きる意欲を引き出し、自立を支え、人権を守ることにつなげることが重要です。そしてまた、介護は広い意味では、介護を必要としている高齢者、障害者だけでなく、その人たちを介護している家族も含めた援助までも含みます。

最近では、「介護地獄」「老老介護」「介護難民」「ダブル介護」「シングル介護」といったような新しい言葉がマスコミなどによってつくり出されてきています。すでに「老老介護」や「介護地獄」という言葉は定着して使われています。これらは、あまりいい響きをもった言葉ではありませんが、現代社会における介護の現状と悲惨な実態を表していると言えます。本章では、これらの語句をまじえながらみなさんに知っていただきたい介護の現状と介護に求められているものについて述べていきたいと思います。

近年は高齢化が進み、介護の問題は国民的な課題になっています。誰もが、何らかの形で介護と関わりをもつことになります。家族に介護が必要な人がいて介護をする立場になることもあれば、将来自分が介護をされる側になることもあるでしょう。介護をする家族を援助するために家事をするなど間接的に介護に関わることになる場合もあるでしょう。介護は、誰もの身近な問題であるのです。ですから、福祉の学科に来られたみなさんには、介護関連の仕事に就く就かないにかかわらず、ぜひ理解しておいていただきたいと思います。

◆これまでの介護と介護の社会化、そして介護予防

介護は現在大きな社会問題となってきていますが、昔から介護を必要とする人は存在しました。

介護は最近まで、他人の手を借りずに家族によってごくあたり前のこととして行われてきました。家族ができない場合には、病院に長期に入院することもありました。このような病院は当時、老人病院と呼ばれていて、病院が治療というよりも生活上の介護を担っていました。低所得の家庭や生活保護を受けている人、一人暮らしの高齢者などで、入院ができないような場合には居宅で家庭奉仕員（今のホームヘルパー）を利用していました。しかし、高齢化が進み、核家族化や少子化が進み、家族だけでは介護を担えなくなり、平成元（１９８９）年に高齢者のための保健や福祉に関するサービスの内容や量を定めた「高齢者保健福祉推進10か年戦略」が打ち出されました。

しかし、ますます介護期間の長期化や症状の重度化、介護者の高齢化などが進み、家族のみの力では解決できない問題にまで進んできました。そして、介護は社会の責任として解決していくことが求められるようになり、平成12（２０００）年から介護保険制度がスタートしました。これによって、これまで家族の役割と考えられてきた介護は、社会がみていくのだという意識が芽生え始め、介護が必要になると多くの人が介護保険のサービスを利用するようになってきました。ところが、介護保険のサービスを利用すると、現在は利用額の1割を利用者が支払わなければなりません。この1割は生活が困窮している人にとっては大きな経済的負担となり、サービスの利用を控えている人もたくさんいます。家族が介護に疲れて、また仕事があるなど、充分な介護ができない状態にあってもサービスの利用ができずに、放任状態となってしまっている場合も見受けられます。

介護の社会化は急速に進んできましたが、ホームヘルパーやデイサービスなどの介護保険のサービスを使っていても、在宅で介護をしている場合は多くの時間を家族が世話をしています。まだまだ介護の社会化は充分であるとは言い難い状況にあり、これらをいかに解決するかが今後の制度の課題です。

２０１５年頃には４人に１人が65歳以上の高齢者になると予測されています。そして、現在よりもより高齢の高齢者が増えることから、介護の必要な高齢者の数も、この数十年間増え続けることになります。そのため、介護に関わる人材の確保もわが国における大変重要な課題となっています。そして今、新しく介護予防、すなわち介護が必要にならないための予防活動が推進されるようになりました。介護が必要になってから元にもどるのはなかなか難しいものです。元気な時から、あるは軽い時から福祉・保健・医療に関わる人たちの活動によって介護が必要になったり、重度化したりしないようにすることをめざすものです。制度ができたばかりで、まだその成果は未知数ですが、介護される側にとってもする側にとっても介護予防という考え方は重要です。

◆最近の家族介護の傾向

介護の必要な高齢者が在宅で生活をしている場合、一人暮らしや高齢者夫婦の世帯で夫婦とも介護が必要な場合以外は、公的な介護サービスを利用していても、たいてい家族が何らかの介護をしています。そして、複数の家族で介護を分担するというよりも、家族の一人が中心になって介護をしていることが多いと言えます。一人の家族が二人の高齢者を介護していることもめずらしいことではなくなってきました。これが「ダブル介護」です。今後、高齢者が増え、少子化が進むとこの傾向も進んでくると思われます。

家族介護者は、これまで嫁や妻、娘といった女性が9割を占めていましたが、序々に息子や夫である男性が占める割合が高くなってきています。介護者の年齢は60歳以上が半数以上を占めています。70歳以上の介護者が70歳以上の高齢者を介護している率は約4分の1で、高齢者が高齢者を介護している状況にあるといえます。これが「老老介護」と呼ばれるものです。

一方で、「シングル介護」と呼ばれる未婚、あるいは離婚による独身の娘や息子による高齢者介護が増加してきています。30代、40代、50代という働き盛りの人が、介護と仕事の両立が難しくなって仕事を辞めざるを得なくなることがあります。退職すると収入が途絶え、親の年金や貯金によって生計を立てることになってしまいます。介護が結婚よりも先になると、社会とのつながりも少なくなり、結婚が除々に難しくなっていき、未婚のまま年老いていくことになります。

一方、介護のために離職する人はこれまでに比べると急激に増加しています。介護の必要性が生じた人のために仕事を休める介護休業制度がありますが、日数に制限があり、使い果たしてしまうとあとがなくなります。そのため介護休業を取得する人は少数です。

仕事を辞めて長い期間の介護を終えた時、もう働きたくても仕事もなく、友人との付き合いも介護のために断絶していて空しい思いをしているという体験を聞くことがあります。

在宅で介護を受けている場合でも、訪問介護を利用している場合には、ホームヘルパーが居宅に訪問して身体介護や生活援助を行います。デイサービスやショートステイなどを利用している場合には、昼間だけ、あるいは短期間において施設の介護職員が介護や身の回りの世話をし、家族だけでなく専門の介護職も関わることになります。介護している人の約3割は1日のうち半日以上介護をしています。重度になるとほとんど終日介護している人が多くなります。

一方、特別養護老人ホームなど介護施設に入所している場合には、介護や身の回りの世話はほとんど施設の介護職員から受けることになります。お正月など一時的に家に帰ることがあっても、多くの高齢者は施設が終の棲家になります。

◆介護者とその苦悩

介護は長期にわたります。長くなると10年以上にもわたることも少なくありません。特に、最近は介護期間が長くなり、また重度になってきています。そして、たいていは一人の介護者に負担がかかっていることが多いようです。

寝たきりや認知症の高齢者を介護することは、心身の負担も大きいものです。また、専門的な知識も必要となります。にもかかわらず家族は、多くの場合、突然介護が必要なり、専門的な知識もないまま、家事の一環として自己流で介護を始めます。仕事をもっている、自分自身が病弱である、高齢で充分な体力がない、他に手のかかる家族がいるなどの状況があっても、家族に介護の負担がかかってきます。それが長期にわたると、友人や近隣との交流も減り孤立しがちとなり、介護者の身体的、精神的ストレスもしだいに大きくなってきます。重度の介護が必要になると24時間介護から解放されることがなくなります。いつまでこの状況が続くのか、先行きの見通しがつかなくなり不安は募っていきます。そんななかで、介護の放棄・放任が生じたり、きつい言葉を吐いたり、エスカレートしていくと高齢者の言動に思わず叩いたり、蹴ったりするというような身体的虐待も起きてきます。介護負担が大きいために家族関係も悪くなり家庭崩壊という事態にまで発展してしまうこともあります。

育児も目を離すことができず、毎日の世話には大きな負担が伴いますが、育児との大きな違いは、介護の場合は終りが予測できないことです。日々努力しても成長は見られずその結末はターミナルケアに結びつくことも多く、身体的にも精神的にも負担の大きい関わりが必要となります。さらに、経済的負担も伴います。介護のために仕事を辞めたり、常勤からパートタイマーに変えたような場合には、それはさらに深刻となります。

以前に、私が高齢者を在宅で介護している家族を対象に虐待に関する調査をした時に、介護者によって書かれた記述の一部を紹介します。

「このまま、いつまでこんな毎日が続くのかと不安になり、今にも気持ちのコントロールができなくなる自分が恐いです。」

「姑の状態がわからない近所の人達が、私の介護を批判します。状態が軽い時は兄弟が助けてくれましたが、重くなると家に寄り付こうともしません。夫婦関係も悪くなりました。老いることが恐くなってきます。」

「親を看られることは幸せな事ですがやはり疲れます。母をきらいになる自分が一番くやしいです。おろかな自分が一番きらいです。」

このような介護者の苦悩があります。そして「介護は地獄です」とよく重い介護を経験した人は言われます。

介護者の多くは、一生懸命介護をしています。しかし、毎日毎日介護をしても一向に高齢者の状態はよくならない、介護をしない親族が口出しだけをする、高齢者からは感謝の気持ちが見えない、心身のストレスが大きく自分自身の健康が危うい、お金もかかるなど、いらだちを覚えるようになって、不適切な介護となり虐待にまで発展してしまうという構図があります。そして、このような行為をしてしまう自分を責め、日々後ろめたさを感じながら介護をしているのです。

介護が高齢者だけでなく、介護する家族への援助も含まれることを先に述べましたが、このような虐待を予防するためにも家族への援助も必要であることを覚えておいてほしいと思います。

◆介護職の役割と人材不足

介護職は、利用者の心身の状況を的確に判断し、本人がどうありたいのか、どうしたいのかということをうまく聞き出し、自立に向けての支援をしていかなければなりません。それとともに、援助の対象である人たちは、それぞれ生活環境や価値観、年齢、介護度など様々な点で違いがありますから、それらを尊重したケアが求められます。特に施設の入所者の場合は、このような人たちが同じ屋根の下で集団生活を送っているわけですから、各人が違う人格をもった人たちであるということを忘れてはなりません。

また、介護職は利用者の自立をささえるケアと同時に、その家族のケアをする役割があります。特に在宅介護の場合には、今の制度では、家族が介護をせずには成り立たないのが現状です。ですから、介護職は、家族の負担の軽減をめざすとともに、家族の健康にも留意する必要があります。さらに、家族の介護に対して助言をしたり相談に乗ったりすることで、少しでも質の高い介護につながるように働きかけることが求められています。福祉の制度やサービスの情報を提供し、上手な活用方法を提示していく必要があります。このように、ケアワークは介護が必要な人々の生活を守る大変重要な役割をもった仕事であり、豊富な知識や技術が要求される専門性の高い仕事です。

ところが、今わが国では、介護に従事する職員が不足し、深刻な事態に陥っています。その理由に、介護職の仕事のきつさや、賃金の低さなどがあります。介護職の従事者は年間に2割ぐらいが離職しているのが現状です。賃金の低さの一因として、介護報酬という提供したサービスに対して支払われる費用が安価であることがあげられます。

介護は高齢者や障害者の生活と人権を守る仕事であり、働き甲斐のある、魅力のある職業であるべきです。このような介護職員が安心して誇りをもって働ける労働条件をつくる必要があります。

介護の人材を確保するために外国からの介護労働者の受け入れも始まっています。しかし、何よりも、まず現在国内で介護職として働いている人に定着してもらい、また、介護職から離職してしまったり、未就労である多くの人材を処遇の改善によって介護現場に引き寄せることをしなければならないと思われます。

このように、介護職員が現場を去っていくこともありますが、一方でやりがいがあることで長い間この仕事を続けている人もたくさんいます。高齢者が満足して心から「ありがとう」と感謝の意を表してくれた時は、何ものにも代えがたい喜びがあるものです。福祉の現場実習で介護施設に行った学生のなかにも、絶対に介護の仕事は自分に向いていないと考えていたにもかかわらず、実習中の利用者との関わりからそのやりがいに気づき、進路を考え直した人が何人もいます。上田ゼミの卒業生もたくさん介護施設に就職していますが、今も元気にがんばっています。

介護職の専門性が正当に評価され、処遇の改善によって有能な介護の人材が集まり、質の高いケアが提供できるようになってほしいものです。

◆章のおわりに

これまでの私の介護との関わりと、最近の介護事情についてふれてきました。私は、福祉の現場で働いた経験はありませんが、人々の健康や福祉に関わる仕事を教育・研究という場で長い間してきました。

大学卒業当時、私は今の仕事を想像もしませんでした。そして一方、こんなにも早いスピードで高齢化が進むとは、人口の専門家も予測できませんでした。

介護は国民すべての課題となりました。介護が必要になっても尊厳のある人間らしい喜びのある日々を送ってもらうための援助の一端を担う仕事はすばらしいことと思います。それは介護職に限らず直接的、間接的にいろいろな形があると思います。大企業もその多くが高齢者介護を視野に入れて事業を展開してきています。

みなさんは、まだ大学に入ったばかりなので、将来の仕事のことまでは考えにくいかもしれませんが、大学で学んだことや経験は、後々になっていろいろな形で生きてきますから、できる限りしっかりと勉強して、感性を磨いていっていただきたいと思います。目先のことだけにとらわれずに、また、広い視野で世界を眺めながら、有意義な学生生活を送ってください。

8 ようこそソーシャルワークの学びへ
―福祉と心理の接点に臨んで―

岩崎久志（いわさき　ひさし）

担当科目
臨床心理学 医療ソーシャルワーク論 社会福祉入門

◆おじさん、女子大の大学院生になる

福祉をはじめ、私が対人援助の領域を学び始めたのは、平成7（1995）年でした。平成7年と言えば、阪神・淡路大震災や地下鉄サリン事件が起こった年です。その年の4月、私は32歳で、武庫川女子大学の独立大学院・臨床教育学研究科（主に社会人対象・男女共学）に入学しました。

それまで私は、大学（学部）卒業後の約10年間、出版社や書店など、専ら書籍に関わる仕事に就いていました。大学時代は社会学部に属し、マスコミ論やジャーナリズム論といった、どちらかと言えば「派手な」学問を専攻していたのでした。対人援助への興味を抱いたきっかけは、ある心理学系の専門雑誌にカウンセリングに関する特集が組まれていて、それに目を通したことです。でも、その時はまだ、そんな仕事もあるのかという程度の関心に過ぎず、自分がそのような職業に就くなどということは予想だにしていませんでした。ところがその後、諸事情により転職を決断する機会が訪れ、一気に自分のなかで対人援助を学ぶモチベーションが高まっていくのを実感したのです。

そこで一念発起して、その頃はまだ珍しかった社会人対象の夜間大学院、武庫川女子大学大学院の臨床教育学研究科修士課程に入学することになりました。もうおじさんと呼ばれてもおかしくない年齢を迎えて、いきなり女子大の大学院生になったのです。この大学院は、いじめ、不登校をはじめとする教育病理問題に対して、教育、心理、福祉による学際的な研究・実践を行う独立大学院です。当時は、20名の定員に対して180名を超える受験者が集まりました。私はいまだに、合格したことは幸運であり、人生の転機であったとしみじみ感じています。

また、ふりかえってみれば、教員は現場に精通している方が多く、まさに臨床的な生きた理論と実践方法を学ぶことができたと感謝しています。さらに、ともに学ぶ院生のほとんどが現職の教員や対人援助職の方だったので、そこに身を置いて学ぶことで私は大いに実践に根ざした刺激を受け、自らが対人援助職になりたいという思いをますます強めることになりました。

◆臨床のはじまりは震災後のボランティア

仕事を辞めてから大学院に入学したため、その頃の私は無職の状態でした。しかも入学してまもなく結婚するという、今から考えるととても無謀（？）なことをしてしまっていたのです。ただ、臨床教育学研究科は夜間大学院なので、経済的な面とは相反して、昼間の時間には余裕がありました。そこで、何か対人援助の実践につながるようなことはできないだろうかと考えていた、その矢先のことです。後に私の指導教授になる白石大介先生（臨床福祉学）の呼びかけで、阪神・淡路大震災の被災地に建てられた仮設住宅に赴《おもむ》き、心のケアに関わるボランティア活動に参加させてもらうことになったのです。

私が大学院に入学した平成7年中は、まだまだ地震の傷跡がなまなましく残っていました。被災地では倒壊したビルの残骸があちこちに見られ、何より武庫川女子大学が沿線としている阪神電車は、まだ復旧が十分にできておらず、西宮から神戸方面は不通の状態でした。そんな状況下、ボランティアには数名の学生が参加しました。すでに現地でボランティア活動をコーディネートしている方たちの助言を受けながら、私は六甲アイランド（神戸市東灘区）に建てられたばかりの仮設住宅を訪問することとなりました。そこは大規模のまとまった戸数の仮設住宅が建ち並ぶ地域でしたが、まだ住民同士のつながりができてはおらず、高齢者などの孤独死が懸念されていました。

私はそこで、ある一人暮らしの高齢者の男性Aさんと知り合い、週に1回のペースで居室を訪ねるようになりました。Aさんは震災で唯一の身内であった兄を失い、自らも病気がちで生活保護を受けて暮らしていました。心のケアといっても、住居の部屋を訪ねて30分程お話を聴かせていただくだけのことです。ただそれでも、Aさんは未熟な私に対して震災直後のつらい体験やこれまでの半生を朴訥《ぼくとつ》と話され、語り終えた後はこころなしかすっきりした表情を見せられました。そして、「よかったらまた来てほしい」と静かに言ってくださったのです。

このボランティア活動への関わりは、私にとって一生忘れられない体験となりました。被災地でのほんのささやかな活動でしたが、私はその体験を通してコミュニケーションにおける傾聴の大切さを、机上の空論ではなく身をもって知ることができたのです。

◆ひきこもり青年への支援に関わる

震災で明けた平成7年が終わり、翌年の初頭から、私は大阪にある民間相談機関の非常勤カウンセラーとして働くことになりました。そこは、いわゆる「ひきこもり」の青年に対する援助を行うフリースペースで、何とか自宅から外出できるようになってきた当事者が、日中をほぼ自由に過ごせる居場所としての機能を備えています。それだけではなく、本人や親御さんへのカウンセリングや助言、自宅に閉じこもった青年への訪問活動や支援に関わる講座なども実施していました。私は指導教授からの紹介で、1日6時間のパートという勤務形態で支援に携わることとなりました。これなら、大学院の授業にもきちんと出席できるからです。

フリースペースの開所時間帯は9時から19時ですが、利用者の多くは正午近くから来室していました。8割以上が20代の男性で、不登校経験のある青年がほとんどでした。なかにはメンタルヘルスを損ねて医療機関に通院している人もいましたが、おおむね共通する特徴としては、他者とのコミュニケーションを図るのが苦手で、関わりを強く求めているにもかかわらず、対人関係を築くことに躊躇《ちゅうちょ》していることでした。

援助の主な内容は、居場所の運営と行事の企画・実施を軸に、個別のカウンセリングや相談を行うことでした。かつて自宅にひきこもっていた青年たちが居場所としてのフリースペースで出会い、ともに過ごす時間を共有しながら対人関係の基礎を実地に学び直していく。そこでは、スタッフは脇役であり、あまり口出しはしません。だからといって、グループワークのような課題も特に設けているわけではありません。あくまでも中心は、マンション一室ほどの居場所に集う若者たち自身による、相互の交流にあるのです。

大学院で学ぼうと決めた当初、私は将来カウンセラーになることをめざしていました。フリースペースにおいても、カウンセラーとしての実践的な修行を積んでいきたいと考えていたのです。ところが、ひきこもり青年たちの支援に関わっていくうちに、私のなかで新たな問題意識が芽生えてきました。それは、彼らに必要な支援は、心のケアだけではなく、社会と関わっていくための生活全般に関わる援助だということでした。

◆生活全般を視野に入れた支援の必要性

ひきこもる青年たちには、心に深刻な傷つきの体験を有している人が多いと言えます。したがって、援助に際しては心のケアが重要な柱の一つになることは間違いありません。しかし、心理面への援助だけでは不十分なのです。ひきこもることによって、社会的にもいったんは身を引いてしまっている彼らにとって、ひきこもりからの帰還は社会復帰への道程と同じ道をたどらざるを得ません。そこでは、当事者が動き始めるに伴い、直近の社会参加に向けた行動や具体的な就労を視野に入れた支援が求められることになるのです。

このような支援のあり方は、まさにソーシャルワーク(社会福祉援助技術)的と言えるでしょう。つまり、当事者への心のケアだけではなく、その人を取り巻く環境にも目を向け、両者の間をいかに調整していくかが大事になってくるのです。たとえば、今日の厳しい雇用情勢においては、ひきこもりに限らず履歴書に数年の空白期間がある求職者にとって、採用されることはなかなか容易ではありません。ましてやひきこもり体験のある青年たちは、概して他者とのコミュニケーションが苦手であり、自己アピールを積極的にできる人は少ないと言えます。それだけに、現実的な問題解決のためには、第三者による介入や助言が不可欠に近い状況となるのです。

このように、ひきこもる青年たちへの支援の体験を通して、私の興味・関心は心理学から社会福祉の領域へと広がっていったのです。

◆コミュニティ・アプローチの実践

社会人を主な対象とした夜間大学院とは言え、現在の専門職大学院とは異なり、修士論文を書くことは必須の課題となっていました。そこで私は、臨床の場であるフリースペースでの実践を通して、研究をまとめることにしました。研究のテーマは、「『引きこもり青年』へのコミュニティ・アプローチ」と銘打ちました。正直な話、私はそれまでの人生で、この時期ほど勉学に力を注いだ記憶はありません。それほど、大学院生活では日々が刺激に富んでいたということかもしれません。

コミュニティ・アプローチにおいては、ひきこもる若者に対するカウンセリングだけではなく、フリースペースを中心とした小地域を拠点に据えた活動が展開されます。たとえば、グループ活動やスポーツ、小旅行、就労に向けたスモールステップとしてのアルバイト先の開拓および協力依頼、体験学習を軸とした合宿、家族を対象とした講座などです。これらのように、多彩なプログラムを組み合わせた支援を実践していくことで、個別のケアとともに、自助グループやSST（ソーシャルスキルトレーニング：社会生活技能訓練）としての役割・機能も果たしていくことになります。

当時はまだ、「ひきこもり」という言葉そのものが、社会的にほとんど認知されてはいない頃であり、私の研究テーマは一部で注目されました。わずかながら外部からの講演の依頼があり、後になって修士論文からの引用をさせてほしいという問い合わせもありました。まだまだ研究者としての自覚などはなく、人前で話すことも不慣れでしたが、自分の実践内容が少しでも当事者への支援につながるならばと、ほとんど「怖いもの知らず」で出向いて行きました。いま思い返すと恥ずかしいことばかりで、本当に冷や汗たらたら、といった感じなのですが…。

フリースペースに通う若者のなかで、わずかながら、ポツポツと次のステップへと旅立っていく人が現れ始めました。彼らの変化や動きはまた、フリースペースへ集う他のメンバーへの刺激になります。それを側面からささえていくことを通して、私は、ここでの活動に大いなる意義とやりがいを感じ、大学院修了後もこのままスタッフとして勤めていくことを決意していました。フリースペースの責任者をはじめ、周囲の人たちもそのつもりでいたようでした。ところが、私は大学院修士課程を修了すると同時に、フリースペースを辞めることになるのです。

◆再び博士後期課程で学ぶことに

ひきこもる青年たちを支援するフリースペースにパートで働き始めた当初から、私は大学院修了後そこに就職するということが、周囲の人たちも含めて暗黙の了解として認識されていました。それにもかかわらず、わずか1年数か月ほどでまた進路を変更することになってしまいました。その理由は、二つありました。

一つは、私が大学院修士課程を修了する平成9（1997）年の4月に、修士課程のうえに博士後期課程、いわゆるドクターコースが設立されたことです。もともと、私は修士課程を修了したら一日も早く対人援助職として、また経済的な面でも安定した職に就くことを目標としていました。すでにわが家にも子どもが生まれていて、家計を支えていくことは至上命令に近いものでした。一方、私はフリースペースでの実践を重ねていくにしたがい、ますます心理と福祉の接点の領域、そしてそこに関わる学際的な知見を身につける必要性をひしひしと実感していました。そんな思いを抱いていた時に博士後期課程が開設されるという話を聞き、私の心のなかで「学びの虫」が一気に騒ぎ始めたのです。

もう一つの理由は、フリースペースの利用者の条件や将来展望を考えた時に感じた、限界性でした。「ひきこもり」とは、あくまでも状態を表わす概念であり、病気や障害を指すわけではありません。息子や娘がひきこもっているからといって、それだけでは公的な支援が受けられるわけではないのです。したがって、フリースペースの利用にかかる費用は当事者、厳密にはその保護者が負担することになります。公的な機関ではない以上、フリースペースを運営し、スタッフが生活していくためには、それ相応の負担を利用者側にしてもらう必要があります。しかし、そうなると結果的に利用者を限定してしまうことになるのです。それで本当に相談機関と言えるのでしょうか。

たとえば、経済的に困窮している家庭の子どもがひきこもってしまった場合、ニーズがあっても私たちのフリースペースを利用することは現実的に困難となってしまいます。しかし、複数の問題を抱えた家族(いわゆる多問題家族)であるほど、優先して支援の手が差し伸べられるべきではないでしょうか。このような疑問や問題意識が心にわだかまりのようなものを生み、将来に対する漠然とした不安となって、私の心に垂れこめていたのです。

これらの理由から、私は再び無茶な行動に出てしまったのです。家族には本当に申し訳ないことをしてしまいましたが、大学院博士後期課程に進学して、自分なりの答えを見つけようと決意した次第です。

◆ともに学ぶことへのお誘い

その後、私は大学院博士後期課程に在学しながら、介護老人保健施設のデイサービス・スタッフ、保健所での嘱託心理職、福祉系専門学校の講師など、いずれも限られた期間ではありましたが、携わらせていただくことができました。これらの仕事は、すべて何らかの形で現在の私にとって有益な影響をもたらしてくれていると確信しています。そして、博士後期課程の在学中、私にとって最もインパクトのある仕事となったのは、その頃、全国の公立学校に導入が拡大されつつあったスクールカウンセラーとして活動する機会を得たことでした。

スクールカウンセラーとして臨床の実践に関わるなかでも、私が常に感じていたのは、やはりソーシャルワーク的な視点による支援の必要性でした。学校という場は、子どもにとって一日の3分の1の時間を過ごす所であり、生活上の重要なコミュニティとして位置づけられます。したがって、学校における子ども支援においても、家庭や地域を視野に入れた生活に関わるアプローチが求められると言えるのです。

以上、ここまで私自身の臨床体験を通して、心理から福祉へと問題意識が広がっていった軌跡をたどりながら、福祉的視点の重要性について述べてきました。みなさんも、ソーシャルワークというユニークで大切な視点から、人をささえていく活動を学び、実践していく仲間に加わりませんか？

さあ、ぜひ一緒にやりましょう！

9

社会福祉専門職としてのキャリアアップ

足立明（あだち　あきら）

担当科目
キャリア入門・キャリア開発実習 キャリア開発実践論 リーダーシップ論 アミューズメント事業論

◆はじめに

社会福祉専門職をめざす人の動機は何でしょうか。なぜ、この職業を自分の適職と選んだのでしょうか。5年後、10年後はこの分野でどんな仕事をすることになるのでしょうか。

これらの問いかけは業種・職種選びをする時や職業に従事していくうえで、重要なポイントになります。そのためには、社会福祉専門職の社会的意義、職務内容、必要な能力・技術、福祉現場の組織管理やキャリア開発等について学ぶことが大切になります。

社会福祉専門職の職業観を理解するために、まず基本的なキャリア概念を学ぶことから始めましょう。

◆働くことの意味を考える

「卒業後、どんな業種・職種に就きたいの？」と学生に聞きますと、すぐに答えが返ってきません。「う〜ん、まだ将来、何がしたいのか見つかりません」「現時点では、社会福祉に向いているのかどうか迷っています」という人も何人かいます。

「なぜ、あなたは働くのですか」。

この問も簡単なようですが、なかなか難しい質問です。ある人は「生活費を稼ぐため」、つまり経済的な手段ととらえています。「プロフェッショナルになるため」も同様の手段とも考えられます。また「最終学歴を一応終えると次は働くしかない」「社会人になったら働くことは義務である」「世間体があり働かないと気まずい」といった答えも決して間違ってはいません。しかし、これらの働くための動機は仕方がない、やむを得ないという理由で、働くことを義務化した後ろ向きのとらえ方であり、なんだか寂しい気がします。

一方、「自己実現のために働く」という動機はとても前向きでうつくしい響きがあります。確かに自己実現は崇高な概念です。しかし働きがいと結びつけるとなると抽象的で具体的なイメージが湧きにくい言葉です。自己実現は、その人の個性が最大限に尊重され、生きがいと尊厳をもった生活を実現することと解釈されます。また、その人が理想の目標を掲げ、自分のやりたいことを実行し、周りや社会からも賞賛されるようなこととととらえると、これから働く者の動機としてはやや非現実的な表現ではないでしょうか。長い間働き続けたその時点で、「私にとって働くこととは自己実現すること」の表現はとてもすばらしい深みのある言葉です。

しかし、「働く」ことをネガティブ（後ろ向き）なイメージでとらえるのではなく、ポジティブ（前向き）に考えてみることは大切なことです。働くことをポジティブにとらえることによって働きがいのある仕事、喜びを感じる仕事のイメージが描けることになります。もともと「働くとは」「傍（はた）を楽にすること」ととらえ、「自分の働きが誰かを楽にできる」とか「自分の仕事が誰かを幸せにできる」という喜びが働きがいになると言えます。たとえば、「仕事の喜びは顧客・利用者さんからの報償、笑顔をもらうこと」「仕事経験を積み重ね、自らを大きく成長させること」「尊敬できる上司や輝いている仲間たちと同じチームで同じ仕事をしたい」「世話になった両親に少しでも恩返しをしたい」などの動機は、働くことの意味と働きがい・生きがいのイメージが同じ線上にあって、その根拠づけがよく見えてきます。つまり、働くことの目的を、「私の生き方」「私の人間観」「私の価値観」という視点で考えてみますと、働くことの意味、仕事をすることの本質がやや鮮明に見えてくると思います。

◆生きがいと働きがいの追求

福沢諭吉の有名な「心訓」に七則の重みのある言葉があります。その一番目にある「世の中で一番楽しく立派なことは、一生涯を貫く仕事を持つことです」と、三番目「世の中で一番さびしいことは仕事のないことです」の二つの言葉は、仕事そのものに関わることが人生のなかでどれほど重要なことなのかを示唆しています。そして、五番目の「世の中で一番尊いことは人のために奉仕し決して恩にきせないことです」と、七番目「世の中で一番美しいことはすべてのものに愛情をもつことです」の訓えは、「奉仕」と「愛情」のこころをもつことがどれほど人生の生き方に大切なのかを端的に表現した言葉です。

人生のなかで働くことは大きなウエイトを占めています。通常私たちが企業・組織のなかで働くことのできる就労期間は、大学を卒業し定年を迎える65歳ぐらいまでの約40年間です。人間の寿命を80歳と仮定しますと、生涯の半分近くは仕事そのものと向き合うことになります。一生涯のライフサイクルで考えますと、成長期から成熟期の年代は仕事を中心とした行為を通じて、個人の成長、家族とのささえ合い、社会との共存に関与することになります。また、24時間という1日のスパンで見てもたいていの人は就業と通勤時間を太陽の昇っているコアタイム、朝8時から夜7時すぎまで仕事という行為に携わります。だからこそ、働くことは楽しく充実したものでありたいと願うのです。働きがいのある仕事に出会ったときやライフワークバランスに価値観をもっている人は、その仕事に就いている時の満足感が生きがいそのものであり、充実した人生生活を送っていると実感できるでしょう。

しかし、現実は決してそんなに甘くはないと多くの先輩たちは忠告するでしょう。むしろこれまで描いてきた仕事のイメージがこんなはずではなかったと思えるような厳しい現実があることも事実です。

◆職場環境の現実問題を知る

では、最近の職場では一体、どんな変化が起きているのでしょうか。日本の経営環境は、世界同時不況によってマイナス成長になり、労働力や消費は落ち込んできました。また、ＩＴの進化によって、これまでの人的な単純作業をコンピュータに代替され、労働生産性の高い仕事を正社員が中心となって担うという職務移動も起きています。さらに、グローバル化が進展したことによって、国境の垣根は低くなり、ヒト・モノ・カネの経営資源が自由に往来するようになりました。そのために日本的経営の仕組みはこれまでの延長線には存在せず、新しい枠組み、形態へと変化してきています。

高度成長時代を支えてきた団塊の世代と現在の若者を仕事観や就労価値観で較べると、そのキャリア形成の変化に三つの違いが見られます。

一つは、終身雇用、年功序列を中心とした経営の仕組みそのものが変化したということです。これまでの就労パターンは、正社員を中心とした日本的雇用制度で、終身雇用を大前提としていました。しかし、高度成長時代が終わりマイナス成長時代に移行すると、企業・組織は厳しい経営環境に対応し、コスト削減策に取り組みました。人件費抑制対策としては、多様な採用方式と仕事の出来不出来を報酬に反映させる成果主義、業績主義を導入しました。

二つめの変化は、若者のワークスタイルによる仕事観です。大学を卒業して3年以内に3人の内1人が会社を途中で退職しています。入社（所）した新人が、「就職する時はこんなはずではなかったのに」といって退職するケース、「まわりの人間関係や上司と合わない」といったケース、「この会社の将来に希望がもてない」といって、新しい夢を追いかけるケース等々、いろいろと辞める理由があります。現実問題として若者の失業率が他の年代層に比べて高いのは、職業選択と職業適性のあり方に影響しています。また、ライフワークバランスを重視する価値観も若者が志向する一つの表れです。

三つめに、即戦力のある人材を確保するために、企業・組織は人事制度をドラスティックに変えていることです。ここ数年で団塊世代の定年退職が大量に始まりました。その結果、現場では人材不足感が蔓延しています。さらに企業・組織は経営業績の悪化により、総人件費抑制策として正社員数を減らしたことで、基幹労働力が不足しています。一方、専門職・技術職採用、職種別採用、コンピテンシー採用等、といった有能なコア人材を取り入れるために選抜型採用方式を導入しました。また、仕事の成果を直接給与に反映させる業績主義や選抜型育成システムなどのインセンティブ・システムを採用しました。しかし、今日明日といった短期間のうちで人材育成問題を解決することは到底できないことです。

さらに、企業・組織は専門的な職務や一般単純作業の仕事を契約社員、派遣社員、パートタイマーやアルバイトといった非正規雇用へとシフトさせました。その結果、雇用者4人のうち1人が非正規雇用として就業しています。またフリーターと言われる雇用は、若者の就労価値観と企業・組織側の採用メリットから生まれてきた産物であり、若者自身の将来の人生設計や社会インフラ財源のバランスという点からも問題点はあります。

◆キャリア概念を知る

働くことの意味、企業を取り巻く環境の流れを見てきました。次に、個人の仕事に関する目標をどのように描けばよいのでしょうか。そのヒントにキャリア概念があります。

「キャリア（career）」という言葉は、よく最近使われるようになりました。しかし、日本語にはぴったりあてはまる言葉はありませんので、あえて「キャリア」と呼んでいます。

「キャリア」の語源には様々な意味があります。人生行路、生涯、経歴、職業等々。ここでいうキャリアとは、「人の一生を通じての仕事」という意味で使用します。すなわち、大学を卒業して働き始めて以降、生活ないし人生全体を基盤にして繰り広げられる長期的な仕事生活における専門的職業での諸経験の連続と、節目での選択が生み出していく回顧的意味づけと、将来構想・展望のパターンを言います。

ビジネスでキャリアのある人とは、貴重な仕事経験と、それを通して確かに習得したものをもっている人、ということになります。貴重な経験には、様々な職種の仕事をした、一つの専門的な仕事に深く関わってきたといったようなことです。また、これから習得していくものは、スキル、知識、資格、実績、マインドといったものです。

自分のキャリアを考えるにあたって、自己イメージをもつことが自分の価値観を知ることにつながってきます。自己イメージは三つの問いかけをすることによって徐々に見えてきます。一つめの問いかけは、「自分は何が得意か（才能・能力についての自己イメージ）」ということです。自分に一体何ができるのかを考えてみます。二つめは「自分は一体何をやりたいのか（動機と欲求についての自己イメージ）」です。自分は一体、何をすることに興味があるかを問いかけます。最後は、「どのようなことをやっている自分なら、その意味を感じ、社会に役立っていると実感できるか（意味・価値についての自己イメージ）」つまり、自分はどんなことに働くことの価値を見出すのかを問いかけるのです。

これらの三つの問いかけを繰り返し自問自答することから、自分の拠り所となる大切な宝ものを探し当てるきっかけづくりになるでしょう。

◆適性と適職のマッチングが大切

会社選びをする時は、どんな方法で自分の適性と適職をマッチングすればよいのでしょうか。

大学教育では、一般教養から専門基礎、専門教育と幅の広い知識や技術・技能を学びます。そして体験学習やフィールドワークの授業を通じて専門知識を理解し、実務技能を修得、応用していきます。

大学生のうちに職業観をもつことができる機会をできるかぎりつくることです。そのためには、幅の広い一般教養を修得することに加えて、社会・経済の動きを知ることや、企業・組織の実情を学ぶ授業は職業観を理解するのに大いに役立ちます。そして、インターンシップ（社会福祉現場実習等）に参加し、職業体験を自分の目、手や身体で実際に確かめることは、職業価値観を自分のものに築き上げていくことになります。また、ボランティア活動をすることは、社会のなかで得られる大切なことや人間としての尊厳を見つめ直すことにもつながり、自分の将来の職業価値観づくりにも生かせるでしょう。

大学生活で体験できるクラブ活動や学園祭の模擬店出展、地域交流や他校との連携活動などキャンパスキャリア（大学生活で身につくキャリア）を手段として、自分の強さや自分のウリをより一層伸ばすことで就職成功への道は拓かれることになるでしょう。以上のことから、社会福祉を学ぶ学生は、職業間を身につける機会が他の学生と比べて多く与えられています。

◆ソーシャルワークと社会福祉専門職

ソーシャルワーク専門職という職業は、どんな理念、価値をもって、社会に貢献しているのかを理解しましょう。

国際ソーシャルワーカー連盟は、ソーシャルワーク専門職を次のように定義しています。

「ソーシャルワーク専門職は、人間の福祉の増進を目指して、社会の変革を進め、人間関係における問題解決を図り、人びとのエンパワメントと解放を促していく。ソーシャルワークは、人間の行動と社会システムに関する理論を利用して、人びとがその環境と相互に影響し合う接点に介入する。人権と社会正義の原理は、ソーシャルワークの拠り所とする基盤である」としています（出所：ＩＦＳＷ国際ソーシャルワーカー連盟「ソーシャルワークの定義」２０００年７月）。

そして、ソーシャルワーク専門職の価値と原則は、次の通りです。

1．人間の尊厳

ソーシャルワーカーは、すべての人間を、出自、人種、性、年齢、身体的精神的状況、宗教的文化的背景、社会的地位、経済状況等の違いにかかわらず、かけがえのない存在として尊重する。

2．社会正義

ソーシャルワーカーは、差別、貧困、抑圧、排除、暴力、環境破壊などの無い、自由、平等、共生に基づく社会正義の実現をめざす。

3．貢　献

ソーシャルワーカーは、人間の尊厳の尊重と社会正義の実現に貢献する。

4．誠　実

ソーシャルワーカーは、人間の尊厳の尊重と社会正義の実現をめざし、本倫理綱領を誠実に実行する。

5．専門的力量

ソーシャルワーカーは、専門的力量を発揮し、その専門性を高める。

（出所：日本ソーシャルワーカー協会「ソーシャルワーカーの倫理綱領」２００５年５月）

では、ソーシャルワーカーはどんな仕事をするのでしょうか。

ソーシャルワーカーとは多種多様な社会福祉専門職の一員で、この社会福祉専門職は大きくケアワーカー職とソーシャルワーカー職に分けられます。ケアワーカーには介護福祉、保育士、ホームヘルパーなどがあり、身体面や日常生活上の身の回りの援助をする専門職です。ソーシャルワーカーは、社会福祉の専門知識や専門援助技術を駆使しながら、日常生活上の不安や困難、たとえば家計、健康、家族関係、居住環境、学業や職業、生きがい、あるいは地域社会における偏見や差別など、生活上困難な状況に置かれている人々（利用者）の相談に応じ、そのサポートをする対人援助専門職ということになります。生活支援のためのケア（ケース）マネジメントは、ソーシャルワーカーにとっては専門援助の一つであります。

◆ソーシャルワーカーのうち、社会福祉専門職はどんな仕事でしょうか。

社会福祉の仕事は、児童、高齢者や障害者で生活上何らかの支援や介助を必要とする人などに対し、生活の質を維持・向上させるためのサービスを社会的に提供すること、あるいはそのための制度などを整備することをいいます。

社会福祉専門職の資格である「社会福祉士」の職場や職種は様々です。しかし、共通していることは、社会福祉士がわが国のソーシャルワークを担う専門職であるということです。社会福祉士の仕事は、利用者の生活と権利を擁護し、自立を支援するため、時には利用者を代弁し、他の専門職と連携し、利用者の最善の利益の実現をめざしてソーシャルワークの価値と倫理を尊ぶ、価値・知識・技術にささえられた実践を行う専門職であると言えるでしょう。

「社会福祉士」というのは、資格であって、職種ではありません。では、社会福祉士の資格をもった人は、職場でどのような職種として、どのような仕事をしているのでしょうか。

社会福祉士は、福祉事務所、児童相談所、地域包括支援センター、児童家庭支援センターといった相談機関はもちろん、社会福祉施設や社会福祉協議会、さらには医療機関などにも配置されています。利用者や家族の個別の相談援助はもとより、利用者との交流や助け合いを援助したり、地域住民への働きかけや関係づくりにより地域社会の改善に取り組むこと、社会福祉施設経営や関係機関との連絡調整を行うこと、さらに人々が生活しやすい社会環境の整備のために行政や関係機関へ働きかけることも社会福祉士の大切な役割です。

◆社会福祉専門職のキャリアアップ

社会福祉という職業は社会性の高い仕事です。そして困難な状況にある人が笑顔になることに喜びを感じ、働く人のモチベーションが高まります。キャリアアップの原点は、働きがいや生きがいのもてる天職であるという帰属意識を、自他ともに認識することが大切になります。キャリアアップの仕組みは、将来にわたって仕事の方向性を明示し、資格制度の充実を図り、そのステータスを社会的に認知させることが必要です。また、有資格者等のキャリアを考慮した施設長や生活相談員等の資格要件の見直しや社会福祉主事から社会福祉士へのキャリアアップの仕組みなど、福祉・介護サービス分野における従事者のキャリアパスを構築することが求められます。

さらに、キャリア・ビジョンを描き、その目標にチャレンジしていくときにバックアップできる仕組みや、人材の能力開発を支援できるＣＤＰ（キャリア・ディベロップメント・プログラム）の構築が必要になります。ＣＤＰとは、自分の職業について考える機会をもち、長期的にどのような仕事に就きたいのかという目標を定め、そのために必要な能力や経験を明らかにし、それらを身につけるための教育と配属を計画するプログラムのことです。

社会福祉専門職のキャリアアップの仕組みを構築する場合には、キャリアパスを開発する必要があります。キャリアパスとは、各自が長期にわたってどのような職務（キャリア）に就くか、その経路（パス）のことを言います。スタッフやスペシャリストの専門職と管理職の道を用意することによって、目標が明らかになりキャリア開発につながります。最後に社会福祉専門職の資質向上に向けて、今後の課題を何点かあげてみます。

1．質の高い社会福祉士などの資格制度を基盤として、施設長や生活相談員の資格要件の見直しなど、福祉・介護サービス分野における従事者のキャリアパスを構築すること。

2．福祉・介護サービス分野におけるキャリアパスに対応した生涯を通じた研修体系の構築を図ること。

3．従事者のキャリアアップを支援する観点から、働きながら社会福祉士などの国家資格など取得できるよう配慮するとともに、従事者の自己啓発が図られるよう、職場内学習の機会（ＯＪＴ）や外部の研修（ＯＦＦ-ＪＴ）の確保に努めること。

4．国家資格などの有資格者について、さらに高い専門性を認証する仕組みの構築を図るなど、従事者の資質向上に取り組むこと。

◆おわりに

これからの日本は、高齢社会をささえるインフラや社会福祉の仕組みを確立しなければなりません。また、若者と高齢者が地域や家庭で共存し、ともに充実した生活を営むことが必要となります。

社会福祉専門職の存在は、来るべき超高齢社会の福祉のプロフェッショナルとして、社会貢献や地域発展に寄与できることになるでしょう。社会福祉を学ばれる学生のみなさんに期待のメッセージを贈ります。

【参考文献】

エドガーH・シャイン『キャリア・ダイナミクス』白桃書房（1995年）
金井壽宏『ひと皮むけるためのあったかい仕事力相談室』千倉書房（2006年）
菊地信一『キャリアデザイン入門』光生館（2007年）
北尾吉孝『何のために働くのか』致知出版社（2007年）
鈴木敦子『人事・労務がわかる事典』日本実業出版社（2000年）
染谷俶子編『福祉労働とキャリア形成』ミネルヴァ書房（2007年）
竹原健二編『現代福祉学』学文社（2008年）
千葉茂明・宮田伸朗編『新・社会福祉概論』みらい（2008年）
森清『働くって何だ』岩波ジュニア新書（2007年）
山本直人『大学生のためのキャリア講義』インデックス・コミュニケーションズ（2007年）
社団法人日本社会福祉士会編『社会福祉士のしごと』中央法規（2005年）
日本学術会議社会学委員会社会福祉学分科会「近未来の社会福祉教育のあり方について—ソーシャルワーク専門職資格の再編成に向けて—」（2008年）
厚生労働省社会保障審議会福祉部会「社会福祉士制度の見直しについて」（2006年）

10 社会福祉士国家試験への挑戦！

—夢の実現、そして手探りで始めた学生支援—

工藤みどり（くどう　みどり）

元　流通科学大学実習助手
現　兵庫県共同募金会勤務

◆「社会福祉士」になることが夢

幼少の頃の私の夢は、私が物語を考えて妹がイラストを描く絵本作家になることでした。そんな淡い夢もいつしか消えて、中学に入った頃には「社会福祉士」になるということが将来の夢となっていました。「なぜ、社会福祉士になりたかったのか？」。そこに至るまでの道のりを遡ってみると、私は何かと奉仕的なことが好きだったのだと思います。たとえば、幼稚園のお遊戯会ではみんなが嫌がるボーイッシュな役を演じたり、小学校では阪神・淡路大震災の募金をしようと運動を興したり、母の影響を受けて手話を学んだりもしました。中学校ではその名の通り「奉仕委員会」という委員会に所属して活動していましたし、夏休みとなれば、障害をもっていた叔父のところへ勉強を教えてもらいに行き、そして私のできる範囲で介助をしていました。そのため、普通の生活のなかで他の人よりは、「福祉」に触れる機会が多かったように思います。そして、叔父のもとへ定期的に訪ねてくる方の存在が気になりだしたのもちょうどその頃でした。その方は、福祉事務所のソーシャルワーカーでした。「私もあんなふうに人の役に立てる仕事がしたい」と思うようになり、そのためには、一番幅広く福祉に関われる資格として「社会福祉士」という国家資格に合格しなければならないことを知りました。それから、「社会福祉士をめざしたい！」と思った私は進学校へ進みました。ボランティア活動やこれまで学んでいた手話を活かして仲間と手話サークルを設立して学校と聾学校（特別支援学校）との交流を経験して、ますます福祉への興味が湧いていきました。高校3年時の進路を決める頃には、迷わず資格取得には最短ルートと言われている福祉系の4年制大学を希望し、福祉を学ぶために大学進学を果たしました。

◆私の勉強法

大学生になってからは、1年生のうちからコツコツと自分なりに国試対策をしておけばよかったものの、大学という自由な空間で学生生活をそれなりに満喫し、3年生になり社会福祉現場実習を終えた頃には、「このままでは合格できない」という状態になっていました。そんな折、1通の手紙が届きました。送り主は5年前の自分からでした。そこには、今の自分の夢は社会福祉士になることで、そのために高校受験をがんばっている最中であると書かれていました。そして、最後に5年後の自分に「がんばって夢を叶えてください」と書かれていました。その手紙を読んで、5年前の自分に励まされ社会福祉士になることを再確認しました。

「どげんかせんといかん（宮崎の方言）」と思った私は、その当時所属していた塚口教授の専門ゼミで「社会福祉士国家試験受験対策委員」になりました。４年生になり周りを見渡せば、福祉と直接的に関わりのない就職先への内定が決まった人や、部活動やアルバイトで精一杯の人、卒業単位の取得であたふたする人、最後の学生生活を勉強だけに使いたくない人など、受験資格を得たからには合格をめざしてがんばるべきではあるが、資格取得に興味がない人もたくさんいました。

しかし、私の場合は「社会福祉士になる！」という夢を叶えるために両親に大学までいかせてもらっているというプレッシャーや福祉職を強く希望していたこともあり、ようやく合格へ向けての受験対策を始めることにしました。国試対策本を調べたり、学内講座はどのような内容なのか情報を収集したり、いつ模擬試験は開催されているのか、どの場所なら集中できるかなど、いろいろと対策を練っていくなかで、専門ゼミの仲間を巻き込みました。まず手始めに、模擬試験を受けてみました。今、自分がどのくらいのレベルなのかが知りたかったからです。結果は散々でした。しかし、このことで逆にやる気が起きました。模擬試験の結果は悪かったのですが、自分の得意科目、不得意科目を知ることができたと、プラスに考えました。

その当時、国試対策本は少なく、知識が足りない私には「社会福祉士受験ワークブック」（中央法規出版）や「必携・社会福祉士」（筒井書房）などの暗記型の本では対応できませんでした。ゼミでの対策では、過去問を毎週2問ずつ解き、解らないところを調べ合ったり、それぞれの得意科目を教え合ったりして理解を深めていきました。しかし、個人での学習も必要です。そこで、かなり無謀ではありますが、1科目ずつ出題基準をベースに1冊の本にまとめていくことにしました。ノート選びに何件もお店を回って、一番よいと思ったのが無印良品の単行本ノートでした。このノートは無地で単行本の形をしていて、後で読み返すのにも適したサイズで気に入りました。

「ゴールデンウィーク明けから本気で勉強する！」と心に決めて、それから夏休みが終わるまで、13科目をノートにまとめていきました。その間、夏休みまでは毎日大学へ来て、何人かのゼミ仲間と研究室で勉強しました。お昼だけのアルバイトもしていましたが、毎日大学へ行き勉強することで勉強を習慣づけることができました。また、我武者羅《がむしゃら》に勉強するのではなく、専門ゼミ内のリフレッシュ委員の人たちが飲み会やバーベキューなどを企画してくれて、適度に勉強のストレス発散もしながら、みんなで楽しく勉強しました。このリフレッシュ委員をつくったのは、「時には息抜きも大切である」という塚口先生の発案でした。

◆入院が幸いして

夏休みの初日に交通事故で入院することとなり、病院に缶詰状態になりました。ついてないと思いましたが、これは絶好のチャンスでした。それは、猛暑と言われる時期にクーラーは効いているし、３度の食事は出てくるし、集中できる個室の病室で卒論と試験勉強を並行しながらすることができたからです。そうして、私の学生生活最後の夏休みは終わりました。

夏休みが明けると、模擬試験に向けて問題を解き始めました。明らかに、今までとは違い、問題の意味や内容が見えてきていました。これは、ノートにまとめていった効果だと思います。模擬試験でも少しずつ点数が取れるようになり、10月や11月は、模擬試験の見直しと模擬問題を解くことに力を入れました。見直しをして出てきた新しい情報については、自作ノートに足していきました。必要であれば、コピーを切り取って貼ったり、同じ内容にはマーカーをしたりもしました。そうすることで、自作ノートは自分専用の辞書のような物になり、傾向も掴めるようになっていきました。加えて、１００日前になる頃に１００日経過表を作成して、そこへ毎日学習したことを記録として残していきました。これは、卒論の事例研究でお世話になったＭＳＷの方が資格取得者であったため、その方の実体験を参考にして実行してみたのです。就職活動や卒業論文と並行しながらの国試対策は大変でしたが、毎日大学へ行き、できるだけ勉強の時間を確保することを優先させました。

いつしか周りを見渡せば、大学へ来て勉強する仲間も増えていました。思うように点数が取れずスランプに陥った時も、仲間と励まし合いながら「みんなで合格！」と意思確認し合いながら勉強を進めていきました。なかには、年末年始も大学で勉強したいという人までいたくらいです。12月や1月は、これまでやってきたことの復習や、社会福祉年表や人物を暗記したり、六法で基本事項をおさえたりという時間に使っていました。10日前には10日間対策を立てて、やり残しのないようにできる限りのことはやりました。

◆試験当日。そして合格発表

いよいよ試験当日。今まで書き溜めてきた自作のノートを持って試験会場に向かいました。午前の問題が解き終わり、この時点で点数が取れている自信はありませんでした。しかし、自作のノートで午後の科目を見直しながら、「これだけがんばってきたから大丈夫！」と自分に言い聞かせ、気持ちを切り替え、午後はリラックスして問題を解くことができました。翌日には、インターネットに解答速報が流れます。緊張しながらの自己採点では、合格ラインぎりぎりの点数で、最後まで自信がありませんでした。しかし、最後の最後まで諦めずに勉強してきたので悔いはなく、達成感に満ちていました。

そして迎えた合格発表当日。あの日のことは今でも鮮明に覚えています。発表日の3月31日には、インターネットのアクセスが集中して見ることができず、翌朝、職場のパソコンで確認しました。職場の同期とドキドキしながら自分の番号を探し、そして、自分の番号があった時、思わず涙があふれてきて、職場の同期も合格していたので、手を取り合って喜びました。それは、社会人となる日に、中学の頃からの夢であった「社会福祉士」資格取得の夢が叶った瞬間でもありました。

私を合格まで導いてくれたのは、「合格したい！」その気持ちを最後までもち続けて勉強してきたこと。そして何より、最後まで諦めずに勉強を続けてこられたのは、同じ目的をもつ仲間や友人と助け合い励まし合い、苦労もありましたが国試対策を楽しみながら取り組めたことだったように思います。

◆社会福祉士国家試験対策の支援に携わって

本学には商学部・情報学部・サービス産業学部の3学部があります。そのなかで、社会福祉士国家試験を受験する学生は、サービス産業学部のなかの医療福祉サービス学科の福祉コースを選んだ学生のみとされています。福祉系大学と比較すると、福祉に関する情報は少なく、学生が福祉を身近に感じ難い環境であることは事実です。その結果、受験資格があっても受験しない学生も多いのもまた事実です。

私がこの大学で勤務し始めた頃、国家試験の合格率は低く、資格取得をめざす学生の活気もそれほどありませんでした。しかし、社会福祉士の資格取得者である藤本教授が、ボランティアで勉強会をされているという話に感銘を受けて、私にも何かできることはないかと考えました。まずは、福祉についてもっと身近に感じてほしいと思い、ボランティア情報の掲示版のスペースを少しもらって、そこへ福祉に関する情報の掲示を始めました。福祉新聞の注目記事や福祉関係の書籍の紹介、国家試験に関する情報、模擬試験の実施の案内、藤本教授の勉強会の予告等の掲示を行いました。こまめに更新することで、掲示版に足を止める学生が増え始め、掲示版を見て質問をしてくれる学生も出てきました。本学では、金額が高くて受験者も集まらないという理由で模擬試験の実施の回数が少なかった現状がありましたが、少々金額の高い模擬試験であっても受ける価値はありますし、詳細な解説本もついてきます。そのことを学生に知ってほしいと思った私は、任意で模擬試験の開催を一つ担当することになりました。初めてのことだったため、模擬試験のためのオリエンテーションを行い、模擬試験の重要性を訴えました。その結果、少人数ではありましたが受験を希望する学生が出てきました。

その後、本学に「社会福祉士国家試験受験支援委員会」が創設されることとなりました。委員長は藤本教授で、事務は私が担当することとなりました。まずは、合格へ向けての環境づくりの見直しが行われました。本学では業者委託の対策講座が行われています。合格すれば、講座代が返金されるという何とも嬉しいシステムです。しかし、合格をめざして受講する学生も、夏休みが終わる頃には受講しない学生も出てきます。そこで、その講座の数科目を本学教員が受け持ち、教員と業者の方と合同で講座を実施することとなり、講座代についても見直されました。また、実習生相談室という実習に関する相談や学習ができる教室に、受験対策本を充実して学生が国試対策の勉強もできるように見直しました。さらに、本学で行われる模擬試験の周知についても徹底されました。こうして、少しずつではありますが受験者を支援する環境が整備され、そのことは、学生にもよい影響を与えました。

◆社会福祉士国家試験対策サークルの立ち上げ—学生主体の受験対策

その後、資格講座の受講者は前年度より増え、模擬試験を受験する学生が増えていくなか、ある学生たちが私のもとを訪ねてきました。来年に向けて受験対策を手伝ってほしいという要望でした。個別の相談には支援してきてましたが、10名程度の学生を支援するのは初めてのことでした。どのように進めていきたいかという話し合いのなかで、社会福祉士国家試験対策サークル「4つ葉のクローバー」を立ち上げることになりました。ちょうど就職活動の真っ最中で、サークルのメンバーが就職試験の面接を受けた際、履歴書に書いてある「4つ葉のクローバー」というサークルの名称に注目されて話題が広がったという学生もいて、サークル設立の効果は就職活動にも活かされました。

私は、サークルの顧問として指導していくことになりました。サークルのモットーは、自分自身がそうだったように、「メリハリをつけて、楽しみながら勉強すること」。まずは、国試に関する情報や対策本の説明をしました。昔と比べてたくさんの対策本があり、その本の内容を理解し、自分に適した本を見極めることも重要な対策です。また、「福祉小六法」は必需品であるため、全員購入してインデックスをつけて福祉の法律についても勉強しました。次に、学習の流れや科目別対策、勉強のコツを教え、その人にあった勉強法で進められるように個別に「学習計画表」を作成してもらい、月の終わりに振り返る「学習経過表」を作成し記入してもらいました。

仲間やグループで勉強するうえで大切なことは、自分なりのやり方を決めておくということです。一緒に進めていくやり方は、どうしても人に左右されてしまいます。まして、就職活動や卒論があれば自分のペースをつかみにくくなります。あくまでも、めざす目的は一緒ですが、コツコツと積み上げた個人学習の成果が点数につながるということを忘れてはなりません。とは言え、最初はなかなか上手くいきませんでした。また、一般企業への就職活動を行う学生は参加できませんでした。一方、福祉関係に絞って就職活動する学生は、求人も一般企業に比べると若干遅いためサークル活動には参加しやすく、合格に対する想いも強くありました。そうすると、一般企業の就職活動を行っていた学生は、自分たちが遅れをとっていることにプレッシャーを感じて「辞めたい」という学生も出てきました。話し合いをして参加するようになりましたが、モチベーションの差異を感じました。しかし、夏休みを過ぎるとそれぞれが自分の学習のスタイルを確立していき、自然と大学へ来てみなそれぞれに勉強していきました。その途中で、受験を諦めかけた学生もいましたが、受験日が迫ってくると、仲間同士情報を共有しながら励まし合って何とか最後まで全員が受験することができました。サークル最後の集まりでは、顧問として合格祈願に大宰府天満宮へ行ってきた際に買っておいた「五角（合格）鉛筆」を配り、願掛けをしてみんなを送り出しました。

◆1年目の取り組みの成果、そして2年目に向けて

試験が終わった日の夜、サークルのメンバー全員とお疲れ様会をしました。試験を終えた学生たちは、いきいきとした表情で、達成感や充実感でいっぱいの様子でした。みんなから、「ありがとう」とお礼の言葉を言われた時、正直役に立っていたのかどうかはわかりませんでしたが、最後までささえられたことを嬉しく思いました。そして、みんなが卒業してから合格発表日を迎えました。12名のメンバーのうち、7名が合格。本当は、もっと合格できそうな学生もいましたが、みんなよくがんばってくれたと思います。合格した学生の話を聞くと、私の見ていないところでかなりがんばっていました。また、勉強に差がある学生には他の学生が教えてあげたり、仲間と会えなくてもメールのやりとりで励まし合ったりして、みんなが最後まで諦めませんでした。そういうチームワークのよさがお互いを高め合い合格まで導いてくれたのではないかと私は思います。

そうして、2年目の対策が始まりました。昨年の学生たちのがんばったことが後輩学生へ自然と伝わり、サークルへ入りたいと申し出る学生が増えてメンバーは30人になり、サークル以外で対策をしている学生も増えました。社会福祉士の受験に対する学生の変化が見られるようになり、「がんばったら合格できる」ということが浸透していきました。私は、先輩学生からの継承とい

う意味で、合格した学生に体験談を書いてもらい、それを一つにまとめて「合格体験記」を作成し、後輩学生となる第2期メンバーに読ませました。そして、手探りだった去年の対策を見直し、今年度の対策を始めることとなりました。まずは、昨年と同様に国試の説明や個別計画を立てて、人数が多いこともあり、個別学習の課題を与え報告会をしてみるなどしました。その後は、科目別対策をしていき、夏休みが終わる頃には一通り終えることができました。

しかし、今期においても、一般企業への就職が決まり国家試験対策を辞退するという学生が出てきました。就職するまでに、試験やレポート、研修などを行う企業が多く、そのことが国家試験対策を辞退する大きな原因となったようです。30名のメンバーも気がつけば、15名程度と半分にまで減りました。しかし、自分の意思で決めたことなので、残ったメンバーで合格をめざすこととなりました。夏休み期間中には、みんなで京都の北野天満宮へ合格祈願の旅にも出かけるなどして楽しみながら対策を続けています。

こうして、社会福祉士国家試験対策の支援に携わってきて想うことは、勉強した分だけ点数につながるということです。学生のうちに勉強することで、20点30点アップも夢ではありません。だから、「合格は無理だ」と決めつけずに最後まで諦めないでほしいと思います。

合格した学生を見てみると、マメな人や几帳面な人、計画的な人が必ず合格しているかというとそうでもありません。計画性がなくてもとにかく自分のやり方で勉強していた人や、ある程度は先を見越して勉強できる人、卒論や就活、アルバイト、部活などと並行しながらもきちんと勉強の時間を確保してコツコツと勉強してきた人は合格しています。やってみないうちから、諦めるのはもったいないことです。また、「資格が必要な時がきてから受験する」などという学生がいますが、正直、そうなってから一発で合格できるほどあまい資格ではありません。学生時代に勉強していれば、社会人になってからでも勉強の負担が減るのだから少しでも勉強しておいたほうがよいでしょう。

まずは、先生や先輩に国家試験についての話を聞いてみる、友人などと受験についてどのように考えているかなど話してみる、そして、もしも仲間ができたら、ぜひ、楽しみつつともに悩み励まし合いながら、合格に向けて国試対策に挑戦してみませんか。

11 卒業生からのメッセージ
―社会福祉士国家資格を取得して感じること―

1　自分の性格に合った勉強法を早く見つけることが大切

医療福祉サービス学科
平成19年度卒業生　伊藤　愛

◆ささえてくれた先生方と仲間のおかげ

大学生活を振り返ると、授業や遊び、バイトと毎日が楽しく、何かと忙しかったように思います。サークルや文化祭、ゼミなど楽しい思い出は山のようにありますが、やはり、4回生になってがんばった社会福祉士国家試験の受験は、大学生活のなかでも特別な思い出となっています。また、国家試験の受験勉強は、私が大学生活で一番がんばったといえる唯一の時間でした。

あの頃の自分を振り返ってみると、周りが進路も決まって遊んでいるのを横目に、毎日不安やプレッシャーのなかで勉強することがストレスにもなっていました。耐え切れず受験をやめる人もなかにはいましたし、最初は先の見えない長いトンネルを歩いているような気分でした。

しかし、私が最後まで諦めずにがんばれたのは、ずっとささえてくださった先生方と、一緒に励まし合いながらがんばったゼミの友達がいたからです。一人では絶対にすぐ挫折していたと思います。毎日不安と戦いながら必死に過ごしていましたが、今振り返ると本当に懐かしく、一緒にみんなでがんばった日々が宝物として残っています。国家試験を受験したことで、こんな私でもがんばればできるんだという「自信」と、何より1年間がんばったという「達成感」は、今までに感じたことないほど大きいものでした。

◆最初の模試は惨敗

そもそも、私が社会福祉士国家試験を受けようと思ったのは、医療福祉サービス学科で4年間福祉について学んできたという「証」が欲しかった、というのが単純な動機です。合格率が毎年低いというのは聞いていたのですが、当時、私が所属していたゼミが国家試験対策に力を入れていたこともあり、ゼミの仲間と本気でがんばろうと決めました。

ゼミのみんなは3回生の冬頃から少しずつ教材を買うなど準備をして勉強を始めていたのですが、私は就職活動を優先にしていたので、真剣に勉強に取り組むようになったのは6月頃からでした。土曜日は試験対策の講座を受講し、平日はゼミで開かれていた勉強会にちょこちょこ顔を出させてもらいながら勉強をしていました。

私は、主に教科書を自分のノートに項目ごとにまとめる勉強方法をとっていました。しかし、量がとても多いのに加えて、私が一つひとつ理解し覚えて納得するまで前に進めない性格でしたので、１項目をノートにまとめ終わるのに膨大な時間をかけていました。気がつくと夏休みも終わり、全項目のうち半分もまとめられてなく、時間がないことと本当にこのやり方で今までやってきたことが身についているのかという焦りから不安が増していきました。この頃から模試を受け始めたのですが、今までノートにまとめるばかりで問題を解くということに不慣れだったことと、今までの勉強方法がちゃんと身についていなかったということもあり、最初の模試はあまりにもひどい結果でした。

10月に入り、模試の結果からゼミの先生方と相談をして勉強方法を「まとめる」から「問題を解く」に大きく変えることにしました。ペースが遅いという私の性格上、問題集を２冊に絞りひたすらその２冊を繰り返し解くようにしました。また、模試を受け、終わった模試もひたすら繰り返し解くことにしました。この勉強方法が私には合っていたようで、次に受けた模試では、最初の模試と比べると20点以上も伸びていました。

それからは、過去問を少しずつ解くようにし、11月頃から１月の本番までは問題集・模試・過去問をひたすら解きました。問題を解くということが、私には身につきやすかったのだと思います。

勉強方法は人によって様々ですし、どのやり方にも正解・不正解はないのですが、一番大切なことは、「自分の性格に合った勉強方法を早い段階で見つけること」だと思います。私は、先生方に相談せずに10月以降も「まとめる」勉強方法を続けていれば、間違いなく試験には通っていなかったと思います。また、自分の今の実力を知るためにも、問題慣れするためにも、模試を積極的に受けるということも大事だと感じました。

◆どんな職業でも福祉の知識を生かせる

私は今、金融機関で働いています。直接的に福祉には携わっていませんが、金融機関でも福祉の関係で免除される制度や、優遇される項目、また目や耳の不自由な方、障害をもった方の来店など、さまざまな場面で福祉が絡んできます。このような時に、社会福祉士をもっているのともっていないのとでは、少しではありますが差が出てくるように思います。福祉についてある程度の知識をもっていると、やはりどんな職業についても生かす場面は出てくると思います。

私は、大学生活で学んだ集大成として、また4年間過ごした医療福祉サービス学科を卒業する証として、社会福祉士の国家試験を受験したことは本当によかったと思っています。

2　実習を通して強く感じた福祉の職場の魅力

医療福祉サービス学科
平成19年度卒業生　奥谷　亜希

◆知的障害児施設の実習

医療福祉サービス学科へ進学されたみなさん、なぜこの学科を選択されましたか？

私には将来福祉の仕事に携わりたいという、漠然とした夢がありました。そこには、寝たきりになった祖母の影響や、何かで誰かの役に立ちたいという思いがあったからだと思います。最初は福祉のなかのこの仕事をしたいというはっきりとした目標はありませんでしたが、「絶対福祉の世界で働きたい」と思えたきっかけは、大学3回生の時に行った実習でした。

私は、知的障害児の通園施設で実習をさせていただきました。障害児に関わるのはその時が初めてで、最初はどう接してよいのかわからず戸惑ってばかりいました。最初は、「早く実習終わらないかな…」という気持ちでしたが、1か月経つ頃には、「この子たちと離れたくない」「もっと一緒にいたい」と思うようになっていました。文章でも言葉でも表せられない、目で見て、彼らと触れ合わなければ感じられないものがそこにはたくさんありました。毎日障害という壁にぶつかりながら、生活する彼らやその家族、周囲の方々。やりたいことが思い通りにできない子どもたちや理想とは違う育児に戸惑い涙する家族。ただ、そんな彼らだからこそ「スプーンを使ってご飯が食べられた、靴のマジックテープが自分でとめられた、上手く返事ができた…」、そんな些細な出来事に一つひとつ感謝し、涙しながらみなで喜び合えるのです。私は、たった1か月の実習でしたが、彼らの様々な場面に出会うことができました。彼らが笑ってくれるから、実習もがんばることができました。そんな一瞬一瞬に立ち会うことができて、私は生きていることにこんなにも感謝することを日々感じながら働くことができれば、どんなに幸せなことだろうと思いました。その時、こういった環境のなかで働きたいと感じたのです。

◆中途半端で終わらせたくない

そんな私が学生のうちに、一つでも将来のためにできることは何だろうと考えた結果が、社会福祉士の国家資格取得でした。私は学生時代、女子ラクロス部に入部しており、4回生の12月まで部活動に励んでいました。もちろん、就職活動にも力を入れていましたし、アルバイトも掛けもちでしており、空いた時間は遊びの予定も入れていました。そんななかで、将来のためにと思い決めていたといっても、大学生活の自由で貴重な時間を社会福祉士の勉強に費やすのは正直とてもつらかったです。やりたいことがたくさんありすぎましたし、やはり学生の間はどうしても遊びに時間を費やしてしまうので、「本当にこんな気持ちのまま勉強をしても受かるのだろうか」「今から勉強しても周囲に遅れをとっているのに大丈夫なのだろうか」「試験に落ちたら、あの時きっぱりと勉強を諦めてたくさん遊んでおけばよかったと後悔するのだろうな」などと考えていました。そんなもやもやとした気持ちで、就職活動終了後から秋頃まで集中しきれないまま勉強をしていたのです。

しかし、12月に入り、このままでは本当に落ちてしまう、せっかく勉強し始めたのだから中途半端に終わらせたくないと思うようになり、部活動を引退してからはアルバイトもお休みをいただき、遊びの予定も入れないようにし、勉強だけに集中しました。そうなると頭のなかは勉強した内容と、受かるかどうかの不安がいっぱいで毎日心が押しつぶされそうでした。しかし、私には一緒に勉強をしてきたゼミの仲間や先生方がいてくれたので、この時期が乗り越えられたのだと思います。

先生方が教室を貸し出してくださり、毎日ゼミの仲間とそこで一緒に勉強をしました。わからないところは教え合い、覚えられない箇所もみなでおしゃべりすることで理解することもありました。つらいときは励まし合ったり、愚痴を言い合ったり、みんなが同じ目標に向かってがんばっていたので、心細くなかったですし、みんなもいろんなことを我慢しながら真剣に勉強に励んでいたので、つらいのは私だけではないと思うことができました。勉強をしていること自体はやはりつらいことの方が多かったですが、みんながいてくれたからこそ、遊ぶことができない毎日でもとても楽しく充実していました。

◆やり遂げたという精神力が社会で役立つ

私が社会福祉士の国家資格を取得することができたのも、一緒にがんばってくれた仲間や、ささえてくださった先生方がいてくれたからこそだと本当に感謝しています。今では、諦めずにやり遂げて本当によかったと思っています。

現在私は、福祉用具のレンタル・販売・住宅改修の営業をしています。毎日高齢者の方と触れ合いながら、その方が安全に生活できるよう働きかけています。実際、介護保険制度，障害者福祉の制度等を使った仕事内容ですので、勉強したことは日々とても役に立っています。また、勉強の中身だけでなく、やり遂げたという精神力こそが社会のなかで生活するには役立つのだと感じています。

勉強方法等、不安なこともたくさんあるかとは思いますが、ささえてくださる先生方は周囲にたくさんいらっしゃいます。また、あなたの友達こそがよきささえとなると思いますので、勉強をするときは、ぜひ勉強仲間をつくってみてください。きっと心強い味方になってくれるはずです。

なぜ、この学科を選択したのでしょうか。それは、少しでも医療や福祉という分野に興味があったからではないでしょうか。ぜひ、その気持ちを大切にし、漠然とした夢でもよいので、何か行動に移してみてください。何かやってみなければ、自分に合っているのか、本当にやりたいことなのかわからないと思います。少しでも行動してみることで、きっと、今より違った世界や自分自身に出会えると思います。

実際、福祉の分野は現在でも人手不足を感じますし、今後も人員が増えていかなければ成り立たない世界だと思います。一人でも多く、医療や福祉の現場に携わる後輩達が、この学科から出てくれることを心より願っています。

3　努力すれば結果はついてくる

医療福祉サービス学科
平成19年度卒業生　國元　亜弓

◆もっと学んでおけばよかった

大学に入学する時は、ただ漠然と「医療福祉について学びたい」と感じていただけで、具体的にどういう仕事がしたいとか、どういう資格を取得したいとか、そういったことは何も考えていませんでした。実際に入学してからも、それは変わることなく、部活動やアルバイト中心の学生生活を過ごしていました。

「このままでいいのだろうか？」という気持ちが芽生え出したきっかけは、３回生の時に体験した現場実習でした。現場で実習させていただいたことで、もっと福祉について学んでから実習するべきだったと、とても後悔しました。現場では、知識という基礎があってこそ、臨機応変に動いていくことができるのだと身をもって実感したからです。この実習を経験したことで、「今からでも遅くない、もっとしっかりと福祉について学んでいこうと」思いました。

そこで、私の目標となったのが、社会福祉士の国家資格でした。それまでは、勉強することに積極的になれず、受験する前から諦めてしまっていました。どうせ受かるのは無理だろう、と思うことで、受験することから逃げていたのかもしれません。しかし、所属していたゼミの先生からも、「がんばれば絶対に受かるから、挑戦してみるといい」と背中を押していただけました。

◆とにかく問題を解く

「やれるだけのことをやってみよう」と受験することを決意したのは、試験の半年前でした。まずは、自分の実力を確かめることから始めようと考え、ほとんど勉強をしないままに模擬試験を受験しました。結果はもちろん散々でした。しかし、模擬試験を受験したことで、試験はどのように出題されるのか、問題形式はどうなのかなど、雰囲気を理解することができました。学内で実施されていた試験対策講座を受講しながら、自分の勉強法を見つけていきました。私の場合は、とにかく問題を多く解くようにしました。そうすることで、自分が引っかかりやすい問題や、苦手な範囲がわかるようになってきました。また、模擬試験のやり直しや、過去問題で間違えた箇所は自分の教科書に全て書き込んでいきました。何冊も教科書を使うのではなく、自分が最も使いやすい、と思うものを見つけるとよいと思います。その教科書に、足りないと思う部分をどんどん書きこんでいけば、自分オリジナルの、最強の教科書が完成します。問題を解いて教科書に書き込んでいくことを繰り返していると、出題されやすい箇所や、間違えやすい箇所なども、おのずとわかってくるようになりました。勉強するといっても何をすればいいかわからない、という人は、まず問題を解いてみてください。わからなくても、間違えても気にすることはありません。問題を読むだけでも、少しずつ内容が頭のなかに入ってきます。漠然と教科書を読むだけでは、その時は理解できているかもしれませんが、実際に問題となって出題されたら解けないパターンが多いと思います。私も初めのうちは、問題が解けないことにイライラしたり、焦ったりすることが多かったのですが、根気よく続けていくうちに、必ず実力がつきます。また、「今日はこの問題まで解いてここまで書き込む」など目標を設定しやすいので、勉強にメリハリをつけることもできます。

試験の直前は、焦りと不安でとてもつらかったのですが、そんな時は、一緒に合格をめざしている友達と勉強するのもよいと思います。私も、試験直前は本当に不安で、どんなに勉強しても受からないのではないか、と思ったりすることもありました。そんな時は、先生に話を聞いてもらったり、友達に相談したりしていました。息抜きにご飯を食べに行ったり、遊びに行ったりすることも必要です。勉強と遊びの切り替えをしっかりすることができれば、問題ありません。勉強詰めになってしまうと精神的につらくなってしまうので、気を抜く時間をつくることも大切だと思います。

◆努力すれば結果はついてくる

試験に合格できて感じることは、努力すれば必ず結果がついてくるのだ、ということです。何度も諦めそうになりましたし、勉強しても模試で結果を出すことができなかったりした時は、本当につらかったです。それでもがんばって、自分を信じて努力を続ければ、結果はついてきます。途中で嫌になることや上手くいかないこともあると思いますが、それでも諦めずに、がんばってほしいと思います。全てが順調にいくことは絶対にありません。そんな時は周りの人に助けてもらい、ささえてもらいながらがんばってほしいと思います。私も一人では、絶対に合格することができなかったと思います。応援してくれる人や、一緒にがんばれる友達がいたからこそ、最後までがんばり通すことができました。

私は現在、製薬会社に勤務しています。資格を取得する際に学んだ様々なことを現在の仕事に生かしながらがんばっています。医療や福祉について学んだ知識を生かしていることはもちろんですが、資格を習得するために自分自身で目標を定めて努力したことや、苦労した経験なども、今の私につながっていると感じています。今後も、医療に携わりながら、日々、自分自身を向上させていきたいと思っています。

超高齢化社会が到来するといわれている今、医療や福祉の知識はどんどん生かすチャンスが増えてきています。また、学びながら自分自身を大きく成長させることができる分野であると、私は感じています。ぜひみなさんにも、社会福祉士国家試験合格をめざし、がんばってほしいと思います。

4 「就職」と「国家試験合格」という二つの目標に取り組んで

医療福祉サービス学科
平成19年度卒業生　松下　彰宏

◆ボランティアでの学び

私は、入学した当初はバイトと遊びが中心で、漠然と将来は福祉の仕事をしようと考えていました。しかし、2回生頃から、実習担当室の前にある掲示板や、大学の教授の紹介でボランティアをはじめました。ボランティアには、特別養護老人ホーム、障害者自立支援施設、有料老人ホーム等、様々な施設へ行きました。各施設には、それぞれによさがありました。特別養護老人ホームや有料老人ホームは、老人と接するので知識が豊富で貴重な話がたくさん聞けます。障害者自立支援施設は、20歳から64歳までの方がいるので、若い人とは最近の流行の話をしたりできました。なかには目が見えない人や耳が聞こえない人、しゃべれない人がいるので、そのような人たちがどのように生活しているのかに興味をもって学ぶことができ、福祉分野についても深く勉強したいと思えるようになりました。初めは、ボランティアへ行くことに多少不安もありましたが、行ってみると意外と楽しくいろいろな方々と接することができました。特に、夏祭りやクリスマス会などの行事は楽しく参加しやすかったので、学生のうちにぜひ参加してみてほしいと思います。

◆二つの目標に向けて

3回生になると実際に現場に実習に行きます。私は、児童養護施設で実習をさせていただきました。子どもたちと野球やサッカーをして楽しく接することもありましたが、常に児童が見ているので、実習といえども大人としてご飯の食べ方や、普段の生活態度もきちんとしなくてはならず一日中気が張っていました。また、宿泊での実習ということもあり、心が休まることができませんでした。施設で生活している児童は親がいない子ども、虐待を受けた子どもなどもいます。そのような子どもに接する時は、悩むことがありましたが、とても貴重な経験をすることができました。

4回生になると、「就職」と「社会福祉士国家試験合格」という二つの目標がありました。就職活動はやはり福祉の仕事をしてみようと思い、特別養護老人ホームの採用試験を受けて5月には内定が決まり、対人援助がしたいという理由で介護職を選択しました。施設に就職するということは難しいことではありません。しかし、私はボランティアでの経験や実習を通して、施設職員は、施設にいる子どもたちや高齢者、障害者の方々の生活を預かっているので中途半端な気持ちでこの仕事はしてはいけないと思いました。ですから、在学中に福祉に関する基本的な知識を学び、福祉系の大学を卒業した証としてホームヘルパー2級の資格を取得し、社会福祉士の国試対策に取り組むことにしました。

◆教え、教えられて

社会福祉士国家試験の対策は、春頃は興味本位で過去の問題を見る程度でした。夏休みになると、周りの友達も勉強を始めたので、サークルを立ち上げ、友達と一緒に勉強することにしました。最初はわからないことだらけで、合格できる気がしませんでした。問題集や教科書を購入し、過去問に出ていたところや大事と思うところを、ノートにまとめたり、人物名や法律などは暗記カードに書き込んだりしました。冬頃になると、本格的に勉強し始め、ノートにまとめたことを暗記し、わからないところは友人に聞いたり、わかるところは、友人に教えたりしていました。これは非常に重要なことで、誰かに教えることで暗記ができる。逆に、教えてもらうことで一つにかける時間が短縮でき、学習の効率アップを図ることができます。

合格してわかったことなのですが、自分の勉強方法を疑問に思うことが何度もありましたが、どんな勉強方法でも最後にはプラスになっていることがわかりました。国家試験は大変ですが、勉強すれば合格できると思います。私は、最後まで合格する自信はありませんでしたが、努力の甲斐あって無事に合格することができました。

◆現場では毎日が勉強

現在は、特別養護老人ホームの介護職として働いています。実際に働いてみて思うことは、利用者の生活、状態などは日によって異なるため、同じ日というものがなく、日々勉強の毎日です。介護技術は数をこなせば身につくものですが、利用者の気持ちに寄り添った介助というのは非常に難しく、その利用者に適していない声掛けをしてしまうと、理解できずに混乱させてしまい、不穏になってしまったりします。しかし、大学の講義で学んだことや国家試験での勉強が、多少なりとも活かされています。福祉の現場では、勉強しながら仕事をしています。対人援助の仕事は、奥が深く難しい仕事ですが、とてもやりがいのある仕事だと思います。

みなさんにも、実際に、特別養護老人ホーム等の施設に就職して、大学の講義や教科書では学べないすばらしい経験をしてほしいです。そのためにも、まずは、ボランティア活動や実習での経験を積み、諦めずに国家試験に挑戦してほしいと思います。

⑫ 社会福祉士を取得してからの道

―社会福祉士の活躍の場はこんなにも広い―

工藤みどり（くどう　みどり）

◆社会福祉士の活躍の場

社会福祉士が活躍できる場は、広範囲にわたります。それは、利用者・職種・業務によってそれぞれ同じ社会福祉士でも、立場や名称などにより業務内容が異なるからです。社会福祉士は、他の国家資格のように業務が固定されていないため、資格が生かされないケースもありますが、これからの可能性をもった資格であるといえます。

社会福祉士が援助をする人は、たとえば、お年寄りや障害のある人、お金に困っている人、子どもやその親、患者さん、地域の住民と、対象となる人たちが多いという特徴をもっています。また、医師や看護師、弁護士のように、資格の名前が職名になっていないため、職名はあっても仕事の範囲は明確でなかったり、同じ職名であっても職場の目的や特徴によって異なったりします。最近では、独立開業して社会福祉士事務所を構えたり、ＮＰＯ（民間非営利組織）の活動のなかで、その中心的な役割を担う社会福祉士も存在します。また、社会福祉士のなかでも成年後見制度の後見人として、「独立型社会福祉士」の存在が注目されています。独立型社会福祉士は、後見人の受託のほかにも、自治体からの依頼を受けて、地域住民の福祉に関する相談や調査活動を行い、福祉セミナー等の講師として活躍しています。

今後は、社会福祉士が活躍できる領域はますます拡大傾向にあります。平成18（２００６）年4月より介護保険法によって市町村の中学校区単位での設置が義務づけられた「地域包括支援センター」では、保健師、社会福祉士、主任ケアマネジャーが常駐して適切なサービスを提供することとなりました。そのなかでも社会福祉士は、総合相談業務の中核に位置づけられ、地域で生活する高齢者が「自分らしく尊厳ある生活」を送れるよう、高齢者やその家族の相談を受けて包括的な支援を行うことや、権利擁護事業としてお金の管理などに困っている方の後見人選定等の援助などを行う成年後見制度利用支援事業、サービス事業者および行政との連携業務担当者としても位置づけられました。そして、ここに初めて社会福祉士有資格者の配置義務が設けられました。

このように、これからますます社会福祉士は、福祉専門職の中心的役割として確実に浸透しつつあります。

◆現役合格すると広がる世界

社会福祉士国家試験を受験するからには、ぜひとも一発合格をめざしてほしいと思います。現役合格率は、全体の合格率より高いといわれています。社会人になってからでも遅くはありませんが、学習時間の確保が難しくなります。今まで、仕事が忙しくて受験を断念するOBやOGをたくさん見てきました。すぐに活かせる資格ではありませんが、後々必要になる場合や職場から資格を取得することを求められることがあります。そうなってから、仕事と並行して勉強するのは容易なことではありません。だからこそ、「現役合格をめざすほうが絶対によい！」と声を大にして言いたいのです。

先に、社会福祉士はすぐに活かせる資格ではないと述べましたが、資格取得をしていることのメリットは大きいと思います。現役合格することは、社会人となる自分の糧となり自信にもつながりますし、名刺に「社会福祉士」と入れるのは気持ちがいいものです。また、他の福祉関係者と関わる場合においても、何の資格をもっているかを問われる場面は多くあります。私も、実際にそのような体験をしてきましたが、その際に社会福祉士の資格を有していることで信頼度を高める効果を実感してきました。取得している人とそうでない人の差というのは、職場内外での評価にもつながり、「資格手当」という形で毎月の給与に上乗せされる職場や、昇格の際の条件の一つとなっている職場もあります。

みなさんの先輩である卒業生の例を見ても、一般企業から福祉へ転向するという人、就職して1年目で転職する人は珍しくありません。長い人生、新卒で一般企業へ就職しても、福祉系の就職先へ転向することがあるかもしれません。そのような場合、社会福祉主事任用資格のみで、社会福祉士の資格をもっていなくても就職できる場合がありますが、社会福祉士は国家資格であり、資格としては社会福祉主事任用資格より上級資格であるため、就職や転職の際有利であることは間違いありません。また、最近では、社会福祉士資格が必須であるとされる職場も増えてきています。

近年では、福祉関係に就職するなら「社会福祉士」取得は必須となってきています。しかし、一般企業へ就職する場合であっても資格をもっておくことで将来の道が拓けます。それは、先に述べた転職の話だけではなく、福祉分野への民間参入の兆しが見られるなかで、福祉を学んできたことに加えて「社会福祉士」資格を有していることは、自分自身の武器となり、とても将来の可能性が広がるからです。また、これからは団塊の世代が高齢期に入り、高齢者がますます増えることから、ビジネスにおいても福祉の問題は関係してくるでしょう。

【参考文献】
コンデックス情報研究所編『社会福祉士をめざす人の本』成美堂出版（２００７年）
日本社会福祉士会編『まるごとガイドシリーズ１　社会福祉士まるごとガイド改定版』ミネルヴァ書房（２００５年）
ネクストドア編『新社会福祉士になろう』㈱インデックス・コミュニケーションズ（２００５年）
日本社会福祉士会『三訂版　社会福祉士のしごと』中央法規出版（２００５年）

【編集委員】（五十音順）

加藤　曜子　流通科学大学サービス産業学部　教授

塚口伍喜夫　流通科学大学サービス産業学部　教授

藤本　次郎　流通科学大学サービス産業学部　教授

宮川　数君　流通科学大学サービス産業学部　教授

明路　咲子　流通科学大学サービス産業学部　教授

社会福祉を学ぼうとする学生へのメッセージ

2010年３月31日　初版発行

編　　集　流通科学大学サービス産業学部

発 行 者　竹鼻　均之

発 行 所　（株）みらい

〒500-8137　岐阜市東興町40番地 第５澤田ビル

TEL 058-247-1227　FAX 058-247-1218

http://www.mirai-inc.jp/

印刷・製本　西濃印刷株式会社

ISBN 978-4-86015-172-0　C1037

Printed in Japan